ca 5166

5343

IL PRINCIPE CASTIGLIONE LUIGI GONZAGA

Des fleurs de la raison il orne sa jeunesse
Et son savoir est egal à son rang
Tout annonce en lui sa noblesse
Mais sans ayeux il seroit Grand

Dott. Corvi del.

Gio: Volpato inc.

L'HOMME
DE LETTRES,
BON CITOYEN,

Difcours philofophique & politique de fon ALTESSE MONSEIGNEUR LE PRINCE LOUIS GONZAGA DE CASTIGLIONE: prononcé à l'Académie des Arcades, à Rome l'année 1776.

TRADUIT DE L'ITALIEN.

A GENEVE,

M. D. CC. LXXVII.

L'HOMME
DE LETTRES,
BON CITOYEN,
DISCOURS PHILOSOPHIQUE
ET POLITIQUE.

L'amour des hommes est la première passion du Sage.

L'HOMME sort du néant par ses propres efforts, l'expérience, l'observation & l'analogie lui font connoitre les forces primitives de la nature, & leurs effets généraux, constants & permanents. Par les différentes combinaisons qu'il en fait, il explique tous les Phénomènes de l'univers, & déploye au déhors toute son intelligence. Rentré en lui-même, & par la réfléxion du sens intérieur, ayant imposé silence au tumulte des sensations extérieures, il reconnoit sa propre nature, ses devoirs, ses moyens, & ses fins; il voit l'influence de ses actions sur la postérité; il dévine les causes, prévoit leurs effets; & combinant les événemens particuliers, il en tire des conséquences générales.

Ces réfléxions ne sont ni des suggestions chimériques de l'imagi-

A 2

nation, ni les preftiges trompeurs de la vanité, mafque ordinaire de la médiocrité, toujours prête à nous furprendre, & jamais propre à nous éclairer : ces réfléxions en les approfondiffant, nous préfenteront dans l'hiftoire de l'homme, le tableau nuancé depuis le dernier degré de l'inftinct, jufqu'au plus haut point de la perfection de l'efprit. Spectacle admirable par fa variété, & furprenant par fon élévation ! Spectacle qui en produit un autre encore plus majeftueux aux yeux du *penfeur*, qui combine fes opérations intellectuelles, & les applique au bien-être focial, tant politique que domeftique : enforte que fous ce haut point de vué *l'hiftoire des lettres, fait en même temps le portrait des fiècles heureux.*

Je veux parler devant vous, illuftres Académiciens, de l'homme de lettres bon Citoyen : devant vous, qui rendez les hommes plus fociables par le commerce des mufes, en leur infpirant le défir réciproque de fe plaire ; devant vous, qui favez employer un ftile enchanteur, & des expreffions raviffantes dans vos difcours & vos écrits qui portent dans l'ame les impreffions les plus délicieufes : devant vous, qui d'un fpectacle de douleur tragique favez faire des objets de plaifir, & qui dans tous les genres de littérature agréable & brillante, tenez le premier rang. Devant vous, j'expofe mes penfées, en vous offrant ce difcours, qui n'eft que l'écho fidèle, & l'interprète fincère de ma jufte admiration pour un corps, qui, fous les aufpices du favant *Nivildo*, eft le dépofitaire des belles connoiffances, & le légiflateur du bon gout.

Je confidérerai l'homme de lettres rélativement au gouvernement, au droit public, à l'efprit des négociations, à la religion, aux mœurs, au bon exemple, & aux agrémens de la vie.

La vérité la plus lumineufe due à la renaiffance des lettres, c'eft qu'il y a dans les fciences & connoiffances humaines, un ordre de filiation qui les fait éclore chacune en fon temps, & que de toutes les fciences, la législation étant celle qui embraffe les objets les plus vaftes & les plus compliqués ; elle eſt auſſi le plus grand & le dernier effort de l'eſprit humain. Donc à moins que la philoſophie ne prime & ne commande, il n'y a aucune loi, aucune police, aucun principe de commerce, l'agriculture dans l'aviliſſement, nulle adminiſtration bien entendue dans les finances, nulle juſtice ſans chicane, tous les jugements corrompus par l'intérêt, une indifférence abſolue pour le bien général, l'honneur & la fortune de chaque particulier livrés à la cupidité des mercenaires, qui ne plaident & n'écrivent que pour entretenir la diſcorde ; la juſtice criminelle embarraſſée de mille procédures abſurdes, puſillanimes, lentes, & incapables de faire cette impreſſion vive & prompte qui doit produire la crainte, ſeul frein des ſcélerats. Le premier effet de la philoſophie eſt d'éclairer les hommes : dès qu'une fois ils ſont éclairés, ils reconnoiſſent évidemment les avantages de la ſageſſe, de la douceur, & de la modération : principaux caractères qui ont toujours diſtingué les ſiècles de lumiére, des âges de barbarie & d'ignorance. Dans les ſiècles de lumiére les factions ſont moins ardentes & moins opiniâtres ; les révolutions moins tragiques, l'autorité moins ſévère, & les ſéditions moins fréquentes. Nous ſommes auſſi redevables à la culture des lettres, de ce que les guerres ſont aujourd'hui moins féroces, par l'adoption générale d'un droit public en Europe, qui a fait ſuccéder aux terribles inconvéniens de l'état de nature entre les nations, la tranquillité d'un état civil, fondé ſur la convention univerſelle.

C'eſt un défaut qui tient à la nature humaine de blâmer le préſent, & de louer le paſſé : on prodigue avec excès les éloges à ces hommes, qui vivant dans des ſiècles obſcurs, ne nous ſont parvenus qu'avec les traits brillants de leurs talents, ſans être accompagnés du portrait de leurs vices. Et puiſque les ſentimens, les opinions & les vices des ſiècles civiliſés ont été tranſmis à la poſtérité, n'en réſulte-t-il pas, que la fauſſeté des éloges donnés aux ſiècles d'ignorance, eſt auſſi manifeſte que la ſupériorité des ſiècles éclairés. N'eſt-il pas humiliant pour les grands

A 3

écrivains des beaux jours de Rome, que leurs admirateurs même soient forcés de convenir que l'imagination avoit plus de part que la vérité à leur enthousiasme pour les temps passés ? Sallufte entr'autres, abufe de fon talent, & me paroît ingrat à fon fiècle : puifque cet élégant écrivain, méprife l'éloquence des Grecs & encenfe les productions groffiéres des fiècles barbares de Rome.

L'efprit frappé du terrible fpectacle de la ruine de la république Romaine, tous les écrivains de ce temps attribuèrent aux arts, au luxe, aux fciences, cet événement défaftreux, qui n'avoit d'autre principe qu'un vice de la conftitution, auffi ancien que la conftitution même. Je veux dire, ce fyftème d'agrandiffement fans bornes, autorifé par la fuperftition, mais oppofé diamétralement *à l'efprit de tout gouvernement Républicain, dont la modération doit être l'ame.*

Néanmoins, ces têtes Romaines, ces têtes réfléchies, & même profondément penfantes, ne furent jamais prévoir, ni développer les premieres caufes de leur ruine, & cela paroitroit un phénomène bien fingulier dans l'hiftoire de l'efprit humain, fi nous n'étions inftruits par les lumiéres de la révélation, que les révolutions de ce peuple qui nous étonnera toujours par fes vertus, par fes lumiéres, & par fon ambition; ont fervi utilement au plan de la Providence fur les hommes : Enforte que faire l'hiftoire de ces révolutions politiques, c'eft indiquer les moyens que le fouverain Etre a employés, pour faire triompher la vraie Religion.

L'efprit du gouvernement fait le génie des nations ; c'eft une vérité fentie d'avance, & qui eft démontrée de plus en plus dans notre fiècle : or il n'y a que l'homme de lettres bon Citoyen, qui foit en état de reconnoître & de faire fentir à fes contemporains, qu'un gouvernement républicain n'a pas le droit exclufif de produire les grands talents : s'il habite un pays monarchique, il tirera de ces mêmes lumiéres des motifs d'aimer fon Prince & fa Patrie : il fait que le droit de propriété y eft affuré, il fe rappellera que les Raphael, les Michel - Ange, ne vécurent pas dans une République, non plus que les Taffe, les Ariofte, les Galilée ; il fe rappellera, que dans un état monarchique tempéré par un corps intermédiaire, indeftructible, qui porte au pied dù trône les ge-miffemens & les larmes du peuple, gardien & dépofitaire des Loix fon-damentales, lefquelles dirigent l'exercice de la fouveraineté ; il fe rappel-rera, dis-je, que dans une pareille monarchie, on a vû fleurir les fciences, la philofophie, l'art oratoire : je parle de la France cette rivale de la Grèce, & qui lui eft fupérieure dans l'art délicieux du commerce de la fociété, premier & dernier terme de l'union des hom-mes ; mais inférieure dans les beaux arts, & dans tout ce qui fuppofe la force & les beautés de l'imagination.

Il régne contre les gens de lettres un préjugé qui eft, à mon avis, très contraire au bien général : c'eft qu'ils ne font bons que dans leur cabinet, ou dans les académies ; & qu'ils font déplacés par tout ailleurs ; comme fi les efprits étoient incapables des affaires, par cela feul qu'ils font cultivés : comme fi la politique exigeoit une trempe d'efprit particuliere, imcompatible avec toute autre ; comme fi la juf-teffe d'efprit que donnent les fciences exactes, le don de la parole que l'on acquiert en s'occupant de la belle littérature, la connoiffance des hommes de tous les fiècles que l'on puife dans l'hiftoire, & l'habi-tude de l'application que l'on contracte dans tous les genres d'étu-de ou l'on veut exceller, pouvoient donner l'exclufion pour des em-plois qui fuppofent ces divers talents dans le plus haut degré. Chez les anciens le talent des affaires & celui des belles lettres alloient de pair : chez les anciens on ignoroit le fecret humiliant de ne pa-roître grand qu'à demi. Les hommes d'état de la Grèce & ceux de l'ancienne Rome fe font prefque tous fignalés dans la belle littérature. Le rigoureux, le grave Caton mème, en dépit des apologiftes de l'igno-rance, étoit tout à la fois philofophe, hiftorien & bon citoyen. Et mème dans nos gouvernements monarchiques tempérés on fuit ce bel exemple » on encourage les lettres & la philofophie, en livrant de temps en temps quelques victimes à la fureur des intolérants, & l'on admire double- ment les Xénophon, les Céfar, les Antonin, les Marc Aurèle, les Pline, & parmi les modernes les Adiffon, les Dagueffeau, les Montef- quieu, les Polignac, les Fofcarini, tous grands hommes d'état & tous auffi grands écrivains. Mais ne réfutons pas davantage un préjugé d'autant plus abfurde & barbare, qu'il eft le foutien du defpotifme. Car c'eft-là, où les lumiéres & les connoiffances fortes font peur à ceux qui commandent, parce qu'elles donnent du courage à ceux qui obéiffent.

Les plus grandes abfurdités ne font en dernière analife, que de fauffes affociations d'idées ; toutes les erreurs en réfultent : qui fera donc mieux que l'homme de lettres, perfuadé, convaincu, que l'a- théifme eft un fiftème défolant & funefte ? Qui connoîtra mieux que lui, que le néant fait toute l'efpérance de l'athée ? Il le verra concentrer toutes fes affections dans un égoïfme incompatible avec les vertus fo- ciales, porter les riches à affamer les pauvres, & les grands à op- primer les foibles : l'impie placé fur le trône, deviendroit le fleau de l'humanité. Qui faura mieux que l'homme de lettres, que le plan de la fociété eft défectueux dans fon principe, dès qu'il ne dirige pas les intentions vers le bien focial ; dès qu'il n'affigne pas des récompenfes à la vertu, & des peines à tous les vices : celui qui manque aux devoirs qui ne font pas de premiere obligation, ne mérite-t-il pas d'être puni ? L'ingratitude bleffe-t-elle moins la fociété que le larcin ?

La plus grande partie des inftitutions fociales, au lieu de ten- dre à la perfection de l'homme, ne fervent trop fouvent qu'à donner plus de liberté, plus d'effor aux paffions : le luxe, les arts de volupté, tous fondés fur des befoins imaginaires, à la fatisfaction defquels on attache un point d'honneur, excluent toute vertu, toute modeftie, toute vérité dans la conduite, & amènent à leur fuite ces écarts, &

ces

ces tranfgreffions qui ne prouvent que l'infuffifance des loix : voilà la raifon primordiale du dogme univerfel d'un état futur de récompenfes & de peines qui a toujours été, & fera à jamais la bafe de toute législation réfléchie : l'unanimité des nations policées, le témoignage des hiftoriens, des poètes, des philofophes, atteftent également cette vérité : les exemples des Princes la confirment ; les ennemis même de la religion lui ont rendu un hommage involontaire, en difant que cette religion étoit trop utile aux hommes, pour ne la pas croire une heureufe invention de la politique humaine.

L'homme de lettres ne reconnoîtra-t-il pas mieux que tout autre Citoyen dans l'hiftoire de la focieté, les preuves de l'influence des opérations extérieures de la religion chrétienne fur le bien-être des hommes ? Ce fut la religion qui par fes décrets fondés fur l'égalité originaire des hommes, & reçus fans oppofitions ni clameurs, affran-chit la plus belle partie de l'Europe, de la fervitude féodale, & accé-lera l'extirpation de ces ufages abfurdes & fanguinaires, qui faifoient toute la jurifprudence de ces temps groffiers : elle arrèta le defpotifme des Princes dans les fiècles barbares : elle fit renaître & encouragea les beaux arts dans lefquels l'Italie moderne s'eft diftinguée par des chefs-d'œuvres fupérieurs à ceux de l'ancienne Rome : la religion éleva, échauffa le génie des artiltes, par la pompe & la fplendeur de fon culte. Oui, c'eft une entreprife auffi contraire à la juftice qu'à la phi-lofophie, de faire un tableau pathétique, exagéré de tous les maux produits par la fuperftition & le fanatifme, & de peindre les meur-tres, les féditions, les rébellions, les perfécutions, en un mot, toutes les fureurs réligieufes, inconnues aux idolatres anciens & modernes ; fans préfenter en même temps, les opérations tranquilles, & même fecretes de la religion ; lefquelles n'ont d'autre théatre que le fond de la confcience : opérations qui feules peuvent réformer la conduite des hommes, renforcer les devoirs refpectifs, épurer les fources de la mo-

B

rale, & donner aux loix la derniére fanction, & aux Magiftrats une autorité refpectée. Oui, la religion modifie les paffions & ne les détruit pas; ce qui feroit un grand mal: mais elle déploye, anime & dirige à fon vrai but, le précieux défir de vivre dans l'avenir, en liant cette noble paffion avec l'efpérance d'une immortalité réelle.

Que certains moraliftes peu judicieux & trop mélancoliques ceffent donc de nous faire entendre leurs faftidieufes déclamations: ils préfentent la fatire & non le portrait de notre fiècle, pour faire parade de leur zèle: ils difent que la licence des mœurs eft le caractère de tous les fiècles philofophiques, tandis que le premier fruit de cette même philofophie, eft de démontrer que l'athéifme n'eft ni le réfuge ni l'afile de l'homme corrompu; car l'athée même, s'il eft conféquent & exercé à la philofophie, fera contraint d'avouer, qu'il y a autant de différence entre le fophifme & le fillogifme, qu'entre deux qualités oppofées, telle que le froid & le chaud; & que cette différence entre le faux & le vrai eft également fondée fur la nature des chofes; il fentira la néceffité d'obéir à la vérité, & de rejetter l'erreur; il admettra par conféquent les régles qui dirigent l'entendement; & par la même raifon il ne pourra exclure celles qui dirigent la volonté: voilà donc une différence intrinféque entre le vice & la vertu établie dans le cœur même de l'athée, avec l'obligation de s'y conformer. Le fruit de nos temps philofophiques, eft d'avoir formé une arithmétique morale, felon laquelle, les avantages actuels de la vertu, ont toujours une prépondérance décifive fur les prétendus avantages du vice moral; felon laquelle l'homme n'eft heureux qu'autant qu'il eft vertueux; il a donc grand intérêt d'être vertueux, & cet intérêt bien fenti, augmente fa force morale, & lui donne la puiffance de réfifter à la féduction des objets extérieurs & à la violence des paffions qu'ils excitent. Ouvrons les faftes du vice, lifons les annales de Tacite; nous ne trouveront pas un heureux parmi ceux qui ont enfanglanté la terre: c'est une erreur, c'est un fanatisme de croire que les moyens qui peuvent faire notre bonheur en cette vie, ne soient pas les mêmes que ceux qui doivent conduire à la félicité future. Les temps tumultueux de l'ignorance ne sont plus; la lumière régne avec la paix; la loi commande; de la loi nait la sureté, le loisir, l'honnête curiosité, l'industrie, l'émulation, l'ardeur pour le travail; & par conséquent la réduction des vices à la plus petite somme possible.

C'est dans notre siècle qu'on a découvert le vrai système du monde, & que la résistance de l'ignorance, & même la rebellion du préjugé ont été vaincus après 40 ans d'une opposition obstinée. C'est dans notre siècle, qu'on enseigne les vérités physiques, dans le même pays, où a souffert le sublime Génie Italien, qui osa le premier les démontrer; dans notre siècle le calcul, langage universel de toutes les mathématiques, a été trouvé & porté au plus haut degré de sa perfection, & appliqué pour la première fois à la construction & à la manœuvre des vaisseaux. Les phénomènes observés, les faits de l'électricité tant naturelle qu'artificielle, déterminés par *Franklin* & *Beccaria*. L'air analisé à l'avantage des hommes par *Priestley*. La chymie réduite en science par *Margrawe* & *Boerhave*; & l'anatomie montée à des progrès étonnants par *Haller*, *Morgagni*, *Daubenton* & *Hotouyts*. La métaphisique & l'histoire naturelle enrichies de belles découvertes par *Charles Bonnet*; c'est-à-dire que la perfection de la morale doit être liée aux découvertes de la Psicologie; que la nature, dans la réproduction constante des êtres, n'est point soumise à une loi générale, & que les moyens dont se sert cette même nature pour cet objet sont très-variés. Les probabilités de l'inoculation calculées, l'opiniatreté de ceux qui ne vouloient pas l'adopter, domptée: l'art de rappeller le souffle de vie dans ceux qui en tout autre temps, eussent passé pour morts, & qui seroient morts réellement sans les secours de ce nouvel art. L'abolition de la peine de mort prononcée contre

les déferteurs; loi abfolument inconféquente, puifqu'elle tendoit à re-
tenir par la crainte de la mort, ceux dont le devoir eft de la méprifer. La falubrité de l'air rendue aux temples du Seigneur, en écartant les miafmes répandus par la corruption (a). La découverte des
habitans de nos antipodes, réfultat des travaux, du courage, & de
la haute intelligence du fameux *Cook* le plus hardi de nos Naviga-
teurs depuis l'immortel *Collomb* : un dépot immenfe des opinions &
des connoiffances humaines dans l'Encyclopédie fur le plan du grand
Bacon : un dépot bien plus important dans la collection du produit
de toutes les Académies, préfenté philofophiquement par cet efprit
fupérieur, aimable & vertueux Mr. *Gueneau* de Montbeillard. Les
vues de la nature généralifées & approfondies par ce génie rare Mr.
de *Buffon*, avec un langage majeftueux, énergique & pitorefque; la
profe françoife portée à un degré auffi brillant & auffi délicat, que
celle d'Ifocrate & de Céfar; la logique confidérée comme la vraie analife de l'efprit humain. La métaphifique qui n'eft pas conforme aux
phénomènes de la nature, & qui n'a pas pour appui l'expérience,
méprifée comme un jargon chimérique; la législation, grace à l'illuftre
Montefquieu, fondée fur les rapports immuables de l'homme avec la
focieté : l'efprit philofophique appliqué à l'hiftoire eccléfiaftique par le
pieux & favant *Fleuri* ; à l'hiftoire profane par *Robertfon* & *Hume* ; à
l'éloquence fous le ciel d'Italie, par le favant *Denina* ; les principes
fanguinaires du faux point d'honneur, démontrés abfurdes & ridicules par le Marquis *Maffei* & le P. *Gerdil ;* le lien du pacte focial ref-
ferré, fortifié contre tous les attentats de l'ambitieufe fuperftition,
contre toutes les entreprifes du dehors : les bruyantes & grandes injuftices toujours jugées par la poftérité combattues de nos jours par

---

(a) On a tout nouvellement trouvé le moyen de purifier l'air infecté, par la
chymie.

des contemporains éclairés, courageux : heureuse hardieſſe, laquelle peut
ſervir de frein à qui n'eſt méchant qu'à demi ! Les prérogatives de la
raiſon rendues ſenſibles & mème exaltées, ce qui donne plus de valeur aux motifs de croyance de la vraie religion : la ſuperſtition, ou
deſarmée, ou rendue moins atroce : la poëſie devenue l'organe du
vrai, du ſublime, & du grand (a): un nouveau genre de plaiſir
théatral ſans modèle dans l'antiquité, je veux dire le fanatiſme mis eu
action (b): l'agréable *littérature rendue populaire*, & conſidérée comme
un beſoin ſocial: des prix propoſés par les Académies pour les grandes & utiles découvertes, également ſans exemple chez les anciens:
enfin, un choc général & une ſingulière fermentation communiquée
à tous les eſprits pour la félicité des hommes: des plans d'éducation,
des réformes d'études, des traités d'agriculture, de commerce, de
finances : enfin, la ſphère des connoiſſances & des vérités utiles, auſſi
étendue que l'étoit auparavant le cahos des erreurs: le nombre des
partiſans de la ſage philoſophie augmenté, & celui des fauteurs du
fanatiſme diminué: en un mot, la vérité reconnue pour être l'unique
ſource de tout bien.

Senſible & reconnoiſſant pour le ſiècle qui m'a produit & inſtruit,
je me ſens animé par l'éguillon de la belle gloire; & je propoſe un
prix à qui ſaura mieux faire l'éloge de notre ſiècle, & qui rendra
l'objet de la déteſtation publique cette éloquence de déraiſon qui veut
le calomnier.

L'hiſtoire des ſiècles précédents, ne nous démontre-t-elle pas que
les égaremens de l'eſprit, ont été d'autant plus funeſtes que les ténébres du temps s'étoient plus épaiſſies? C'eſt avec raiſon que les modernes Apologiſtes de la religion, s'écrient, que les coups de l'irréli-

B 3

(a) Voyez Pope Eſſai ſur l'homme.
(b) Voyez l'incomparable tragédie de Mahomet.

gion du fiècle ne font pas portés nouvellement, mais empruntés de *Celfe*, de *Julien*, de *Porphire*. Or, qui d'entre vous, illuftres Académiciens, n'eft pas convaincu, que le flambeau de la philofophie moderne réuni aux lumières de la révélation, & foutenue par l'éloquence des Boffuet, des Maffilon, des Montazet, n'ait produit des défenfes plus victorieufes de la religion, que celles qu'on a voulu tirer de la poëfie chimérique de *Platon*, & des cathégories inintelligibles de l'ambitieux Ariftote, dont l'Empire fut, pour la fortune du préjugé & le malheur de la raifon, plus étendu & plus durable que celui du conquérant fon difciple?

Que le Pirronifme détracteur de toute vérité, & deftructeur de toute fociété, ceffe donc de furprendre les ames foibles, & de fubjuguer les cœurs flottans par le phantome d'une liberté anarchique, & par les preftiges d'un doute mal raifonné ; qu'il ceffe de confondre avec les erreurs qu'il enfante, les faines opinions & les principes univerfellement reçus chez les peuples policés ; & qu'il n'y ait plus entre ces peuples, d'autres différences dans leur manière d'être & de penfer, que celle qui réfulte de l'influence du climat : la diverfité des opinions, ne vient-elle pas d'abord de ce que les hommes n'ont pas les mêmes loix? il eft certain que les loix influent puiffamment fur la morale : l'homme dégradé par le defpotifme doit avoir fur la juftice des idées diamétralement oppofées à celles d'un républicain ; la diverfité d'opinion, & la contrariété des principes, ne viennent-elles pas enfuite de ce que la religion n'eft pas la même? dès-lors les intérêts ne peuvent être les mêmes ; & tous les jugements font néceffairement différents, faute de ces idées intermédiaires qui pourroient les raprocher de l'unité.

Le cœur imbu de ces nobles principes, & l'efprit éclairé par ces grandes vérités, les nations en recueilleront bientôt les plus heureux fruits ; ce fera *d'adopter unanimément un plan commun d'études élémen-*

taires: ce fera de ne fe pas refufer à une théorie confolante, propre à foutenir les ennuis, & les langueurs de la méditation, théorie, feul préfervatif contre la fenfation décourageante de fa propre médiocrité., théorie oppofée à ce fyftème trop accrédité par les philofophes que le génie n'eft dû qu'à la nature. Cette théorie le repréfentera comme l'ouvrage du fiécle ou l'on vit, de l'éducation que l'on a reçue, & des circonftances ou l'on fe trouve ; c'eft ce qu'attefte l'hiftoire des grands-hommes : en effet, ne nous font-ils pas repréfentés., d'après les événemens auxquels ils ont eu part, & d'après tous les autres rapports qu'ils ont eu avec leur fiécle ? Ce principe eft le feul dans la législation, qui puiffe donner aux efprits cette impulfion intérieure, ce courage confiant, enfin, cette hauteur de penfées dont on peut tirer des vérités neuves & primordiales, le feul qui puiffe produire la révolution falutaire qui fubftituera des connoiffances réelles & univerfelles, aux chimères trop longtemps adoptées. Vérités qui ne font aujourd'hui l'apanage que de quelques efprits privilégiés, & qui *deviendront alors communes & générales à tous les hommes*. Dès lors plus de chocs d'opinions, mais un concert qui rendra toutes les vérités fécondes ; les jugements feront conftants & les déterminations invariables : ces fophiftes au front audacieux, qui, fous le manteau facré de la religion, ont enfantés dans les ténèbres, ces fyftémes ennemis du bonheur de l'homme, qui en ont même avili la nature, en cherchant à ôter tout courage à la raifon, feront anéantis ou réduits à l'humiliation de fe reconnoître pour les feuls infenfés. Alors on verra *l'unité du régne intellectuel, préparer celle du régne politique*. O Académiciens, quelle gloire pour l'efprit humain ! & quel bonheur pour l'humanité toute entiére !

La diverfité des opinions, les chocs & les mouvemens contraires de la fociété, l'oppofition des intérêts, les prétentions de l'amour propre, & l'égoifme en un mot, ont forcé les hommes à établir les

loix de la juftice, afin de conferver les avantages de la protection &
de l'affiftance commune : de même, les contrarietés continuelles que
font naître dans la converfation, l'orgueil, la fierté, la haute idée
que chacun à de fon propre mérite ont introduit les régles des
bonnes manières, de la politeffe, de l'urbanité, pour faciliter le commerce des efprits, & répandre l'agrément dans la fociété; ces bonnes
manières confiftent dans la déférence réciproque, dans l'art de concilier la vérité avec l'amour d'autrui, dans celui de tempérer l'éclat de
fon propre mérite, dans l'attention donnée à tous, & à tout alterna-
tivement; & elles produifent cette douceur de mœurs qui détruit
toute véhémence dans le propos, qui fupprime toute interruption bruf-
que, toute interrogation indifcrete, tout jugement trop trenchant,
tout efcrime en faveur de fon opinion, & tout effort pour envahir
celle des autres par cet air de fupériorité qui bleffe fans perfuader.

Dans notre heureufe terre, les gens de lettres font finguliérement
doués de ces qualités qui font autant de vertus aimables : ils ont fait
chez nos ancêtres, & font aujourd'hui chez nous, le doux lien & le
charme de nos focietés. Les anciens Romains ne trouvèrent pas de
meilleurs moyens d'accélérer la civilifation, que de fréquenter les
beaux efprits, & les philofophes: Polibe le plus profond politique de
fon temps, & l'écrivain le plus judicieux, n'a-t-il pas fait les délices
du grand Scipion? Théophane recherché par Pompée, adouciffoit
l'horreur qu'infpiroit à un cœur honnète & fenfible, les atrocités de
la guerre civile. Lucullus perfuadé que l'efprit a fes befoins auffi-bien
que les corps, chériffoit les favants, & en particulier, *Antonius Afca-
lonite*; Cicéron vivoit familiérement avec l'artifte *Appolonius de Rhodes*,
Caton avec *Arthémidore*: & lorfque Jules Céfar vouloit fe repofer des
fatigues de la guerre, de la politique, & de l'amour *Agatarchide de
Gnide* & *Arthémidore* fon fils étoient les objets de fes délaffemens.
Qu'étoit la maifon de Mécène, finon les rendez-vous du favoir, de
l'efprit

l'efprit & du bon goût? Là fe réuniffoient & *Cornelius Gallus* & *Valgius* & *Fondanius* & *Plautius-Tucca* & *Varro* & *Virgile* & *Horace*, dont la plume féduifante & fublime, fut par ordre même de Mécène, un organe de douceur pour tempérer la férocité d'*Augufte*. Et quel fut le plus cher favori de Mécène? *Arregius-Platonicien* qui étoit le plus fléxible dans les opinions, le plus doux dans les manières, le plus honnète dans le maintien; en un mot, celui qui convenoit le mieux au plus aimable des Romains.

J'ai donc toute raifon, illuftres Académiciens, de voir & de vous préfenter l'homme de lettres bon citoyen, comme l'Etre le plus parfait, le plus cher à l'humanité, & le plus digne d'être confidéré dans toutes les fociétés. Il aime fon Prince, il chérit fa patrie, il refpecte la religion; mais il en détefte les abus: fourd aux voix infidieufes des préjugés funeftes, qui, grace à la Philofophie, ne font plus dominants; il éclaire, il inftruit fes concitoyens dans les principes de bienveillance univerfelle, principes fondés fur la bafe de l'amour focial, & enfuite imprimés dans les cœurs par le Chriftianifme, comme un fçeau de perfection fur la loi naturelle; il fent toujours qu'un Roi citoyen appartient à tous les fiècles, ainfi qu'à toutes les nations: il paye un tribut de larmes & non d'admiration à la gloire fondée fur des talents funeftes, gloire fille de l'ambition, & mère de la deftruction. Toujours il voit dans l'hiftoire des Rois les troubles tumultueux de la guerre oppofés aux progrès falutaires de la paix: il y voit un tiffu de crimes, de délires, de malheurs & d'atrocités, avec des très rares exemples de vertus, trop rares pour compenfer tant d'horreurs: il ne voit dans les perfécutions des Miltiade, des Cimon, des Ariftide, des Thémiftocle &c. qu'une multitude injufte & jaloufe, dictant la loi dénaturée de l'oftracifme; il voit dans le defpote un fauvage mal adroit, qui pour cueillir les fruits, coupe l'arbre par la racine: mais il s'arrète avec plaifir fur le tableau de cet ancien Empire,

C

dont les inftitutions politiques tiennent aux mœurs , lequel veut toujours être gouverné par les lumiéres , choififfant fes Miniftres dans la
claffe des hommes les plus favans : grand Exemple ! qui devroit faire
fentir à toutes les nations, que le mérite perfonnel doit être la bafe
de tous les emplois. L'homme de lettres bon Citoyen ofera diffiper le
preftige trompeur dont les courtifans font un axiome auprès du Prince ;
*que l'art de gouverner les peuples , eft bien plus difficile que celui de les
éclairer* ; en un mot, il réclamera toujours les droits de la vérité , parce-
que dans fon cœur elle n'eft point un fentiment froid, mais un enthoufiafme facré. Il rifque d'être contrarié , perfécuté , mais dût - il
éprouver le fort de Socrate , fes lumiéres foutenues de fon courage
le lui feront affronter. Dans les douceurs de la vie domeftique, fon
ame fe forme aux devoirs fublimes d'une morale pure , dont l'objet eft
l'amour des hommes, le défir de la paix, la volonté conftante de faire
le bien & d'empêcher le mal : il préfente des grands objets fans adulation
comme fans crainte. Apôtre de la loi nationale, il s'écriera & bientôt
il perfuadera, que l'efprit du gouvernement doit diriger l'opinion publique ; mais en même temps, il fera fentir que ce qui touche à l'honneur, à la vie, à la fortune des Citoyens, doit être requis & décidé
par le vœu général, que les grandes opérations doivent être l'ouvrage
des lumiéres & des défirs réfléchis de toute la nation , & non pas le
produit intéreffé des paffions particuliéres du Souverain ou de fes
Miniftres : convaincu que le vrai defpotifme de la raifon eft fondé fur
l'obéiffance libre, facile & réfléchie, il foutient que les vrais titres de
l'immortalité d'un Souverain doivent fe graver, non fur de froides
médailles, mais dans le cœurs des fujets. Il répète fouvent le nom du
grand Henri, qui ne fe croyoit pas heureux, s'il ne réuffiffoit à procurer l'aifance à la partie de fon peuple la plus utile, & toujours la
plus méprifée. Le cœur s'attendrit, & il paye un tribut de larmes à
ce bon Prince, qui laiffa en mourant un fi grand deüil dans fa na-

tion, & un fi grand vuide dans l'humanité. Voilà l'apothéofe d'une ame fenfible, voilà la récompenfe des bons Princes les feuls vraiement grands.

Si la fortune donne à l'homme de lettres, un bienfaiteur, un Mé-cène, il remercie le ciel de lui avoir fait éprouver le doux, le déli-cieux fentiment de la reconnoiffance ; il défarme fes ennemis par la douceur, il les écarte par le courage, il fait taire l'envie ou la com-bat, en donnant un nouvel effor à fes talents : il n'oppofe à la fatire que le filence ; à la calomnie que fa vertu ; enfin, par fes exemples autant que par fes écrits, il commande à la poftérité, lui dénonce les Princes cruels & les Miniftres fcélérats : il les peint avec ces couleurs fortes, cette fombre énergie & ce pathétique fublime qui remue profon-dément les cœurs, fubjugue tous les efprits & enlève tous les fuf-frages.

N'ai-je pas droit aux votres illuftres Académiciens ? & ne puis-je pas prétendre à ceux de cette grande ville fi célèbre dans tous les âges ? Si je n'en fuis point affez digne par moi-même, du moins j'ai le mérite de vous avoir fait entendre les accents enchanteurs de ce rare génie, (a) que la nature avoit refervé pour notre fiècle & pour no-tre belle Italie ; mon zèle pour fa gloire ne peut que vous plaire ; vous aimez, vous faites chérir les vertus fociales & bienfaifantes ; vous mettez votre fatisfaction à les célébrer & à les pratiquer ; bien différents de ces mifantropes qui, dupes de l'égoifme le plus trifte, & joignant un cœur froid à une imagination ardente, s'enfoncent dans la folitude pour y trouver le bonheur, & fe réduifent à l'impoffibi-lité de contribuer à celui d'autrui.

C 2

(a) Corilla Olimpica, incomparable Poëteffe qui a eu les honneurs du triom-phe au Capitole, exemple unique dans les faftes de l'efprit humain.

Vous, juftes appréciateurs des talents, & diftributeurs légitimes de la renommée ; fi je mérite des éloges, je ne les attends que de vous, fûr d'aller par votre organe à la gloire, cette idole des grandes ames, & ce but éclatant de tous leur travaux.

SONNET

DE CORILLA,

AU PRINCE PHILOSOPHE.

Te , illuftre Genio , ed ultimo rampollo
  Di que' Gonzaga , i di cui nomi ancora
  A fuo fafto maggior l'Italia onora ,
  Per eternare i miei penfieri eftollo.

Con quella cetra , chè mi dette Appollo ,
  Sin dove avvien che il fole nafca e muora
  Noto vò far , come virtude infiora
  Tuo fpirto in ben oprar non mai fatollo.

Ne' più begli anni tuoi virtù conftante
  Ti guida u' Religion falda confina ,
  Ei vizi premi con robufte piante ;

Ed util refo colla tua dottrina
  Delle bell' Arti e degl' ingegni amante ,
  Moftra , che te a gran cofe il ciel deftina.

Addition pour la Page 8 dixieme ligne du premier difcours.

Confondre dans une inftitution les abus qui ne font ni conftans, ni néceffaires avec l'inftitution même c'eft decevoir notre jugement pour plaire a notre imagination. Si l'on doit profcrire la civilifation & les lettres parcequ'elles ont enfanté des abus; pourquoi ne doit-on pas profcrire par la même raifon, la religion chrétienne, qui a occafionné l'intolérance & le fanatifme, fléaux redoubtables de l'humanité? pourquoi ne pas profcrire le gouvernement même, puis qu'il a produit le defpotifme qui défole & abrutit les hommes? Enfin pourquoi ne pas profcrire auffi l'état fauvage, qui n'eft pas exempt de meurtres, d'affaffinats & d'empoifonnements? je parle de l'état fauvage réel, tel qu'il exifte dans la nature; & non pas de cet état fauvage auffi chimérique que l'âge d'or des Poëtes, et qui n'exiftent tous deux que dans la tête exaltée de quelques ecrivains dont les rêves feront oubliés, mais dont la maniére éloquente de les peindre & de les embellir pourra faire furvivre leur noms plutot qui leur chimères : femblables au divin Platon qui grace à la magie de fon ftile a fçu éternifer l'abus des mots & le faux emploi des abftraƈtions. En effet comme l'homme n'eft pas né pour refter conftamment enfant mais pour marcher par l'impulfion de la nature, à l'âge viril, à la vielleffe & à la mort; de même, il n'eft pas né pour refter conftamment fauvage, mais pour être pouffé par la loi de l'inftinƈt & celle de la perfeƈtibilité, vers l'état focial; pour s'éclairer, fe policer, jouir de la liberté, enfuite redevenir ignorant, & enfin, tomber et gemir fous le defpotifme. Voilà les viciffitudes de la nature humaine auffi néceffaires que les révolutions des planettes.

Mais pour nous élever à quelques principes méthaphyfiques fur la légiflation; nous concevons que les fociétés politiques dans la civilifation, ainfi qu'un invividu dans le développement de fes forces phyfiques, non-feulement ont une marche progreffive, mais auffi un ter.

me . fixe au . de - la duquel la nature s'eteint & l'hiftoire eft en filence, elle ne peut des lors nous donner aucune connoiffance de l'influence que la civilifation peut avoir fur le malheur des nations, c'eft à-dire fur la perte de leur liberté politique, fur les mœurs & fur les idées rélatives de nos jouiffances. Nous dirons donc que la *civilifation étant le réfultat des forces intellectuelles d'une nation*, elle dépend des circonftances favorables où défavorables du climat & du voifinage; & que par conféquent elle peut être retardée ou accélérée mais jamais empêchée. Une nation par exemple qui voudroit dans le centre de l'Europe civi-lifée, vivre dans la groffiéreté des premiers temps, indépendamment des obftacles de la fituation, fe propoferoit une chimère. Une nation à demi civilifée qui voudroit avoir des inftitutions Spartiates fe propo-feroit pareillement une chimère & mettroit les mœurs en contradiction avec les loix, ce qui eft la plus grande de toutes les abfurdités; car ce font nos plaifirs de fociété, nos fpectacles, qui modifient, qui plient nos mœurs, & qui les font devenir infenfiblement monarchiques, même dans un gouvernement Républicain. Il faut donc alors mener les ames à des fentiments énergiques de patriotifme, par la voie du plaifir focial, comme cela fe pratiquoit dans quelques villes de la Grèce.

L'hiftoire ancienne nous offre également des peuples libres & qui étoient dans le même temps au comble de la civilifation dans les beaux jours de leur liberté; je parle des Grecs avant la guerre du Pélopo-nèfe; d'un autre côté nous trouvons un grand peuple libre très peu civilifé; tels étoient les Romains avant la conquête de la Grèce. L'hiftoire moderne nous offre auffi un peuple libre & pourtant fouve-rainement éclairé & policé, qui n'a marché à la liberté & n'a mis le pacte focial dans toute fon évidence, que lorfque les progrès de l'ef-prit humain étoient parvenus à leur plus haute période, je veux dire à l'époque mémorable du roi Guillaume ; de manière que chez les Anglois, on voit avec étonnement que les progrès de la civilifation ont marché parallelement aux progrès de la liberté. Auffi cette nation regarde-t-elle les lumieres & la liberté de penser comme la fauvegarde de fa liberté civile. Nous voyons aujourd'hui toutes les Républiques d'Italie dans la plus grande civilifation, & néanmoins elles ont toujours confervé la force & la viguëur de leurs inftitutions primitives *, témoin la République de Venife qui fubfifte depuis quatorze fiècles pour la gloire du nom Italien. Nous voions d'autre part un Peuple en partie civilifé, en partie groffier, mais pourtant libre &

---

* Exceptons la difcipline militaire dont la décadance rend précaire leur exiftance politique, & la fait dépendre entierement des idées vagues du fiftteme d'équilibre. L'Italie eft la feule nation de l'Europe civilifée, qui ait perdu a fon grand préjudice l'efprit guerrier. Parmi plufieures caufes de la perte de l'efprit national, ne pourroit on pas compter l'efprit dominant d'une fuperftition qui tend a énerver les ames lorfqu élle ne pourfuit pas l'objet de fes frayeurs, et dont l'influence n'eft nulle part plus marquée que dans le centre de fon empire qui eft auffi le foyer de fa plus grande activité. Si Machiavel vivoit de nos jours, il verroit que fes beaux dialogues fur l'art de la guerre font en défaut, parcequ'ils fuppôfent toujours le peu de valeur des troupes mercenaires & le grand rifque que l'on coure a les employer. Ce grand génie ne connoiffoit pas toute la force de la difcipline & toute la perfection dont elles étoient fufceptibles. Cette perfection fut ignorée des anciens peuples monarchiques, elle l'eft encore dans toute l'Afie; elle étoit ignorée jufqu'a un certain point même des anciennes républiques; chés elles le refort du patriotifme fupploit a tout, mais chés les modernes où l'efprit monarchique a fuccédé au patriotifme, la politique a du chercher un équivalent an grand reffort de cette vertu qui lui manquoit, & élle a trouvé cet équivalent dans la perfection de la difcipline militaire, de cette méchanique admirable qui augmente la force d'une multitude armée en faifant de tous les individus qui la compôfent autant de machines paffives qui ont le principe de leurs mouvements dans la tête d'un feul homme. Ce chef d'œuvre de difcipline qui peut a la vérité devenir fatal a la conftitution intérieure de quelques monarchies garentira du moins a perpétuité l'Europe de l'invafion de peuples barbares. Dans le monde moral il n'eft rien de fi hazardé que les théoremes abfolus. Une expérience de trente fiècles fuffit apeine pour autorifer des propofition exclufives fur la légiflation. En jetteant un coup d'œil de comparaifon fur l'homme & la nature, il paroit que les révolutions morales & politiques font plus variées, plus nuancées que celles de la matiere. Celles ci font foumifes a un grande loi génèralle que jamais aucun phénomènes ne contradira : celles la ont auffi des loix générales, mais trop compliquées pour être décompofées dans leurs élémens par le prifme de l'expérience.

paffionné pour la liberté : enfin nous trouvons dans le nord, des peuples efclaves, & en même temps groffiers & ignorans. *Ainfi* d'après le
flambeau de l'hiftoire, qui eft la phyfique expérimentale de la politique,
la civilifation avec le noble cortege de toutes les lumieres, bien loin
de détruire la liberté, la fait éclore, la conferve, comme on le voit
dans cette Ifle fortunée de la Grande Bretagne & dans nos Républiques
d'Italie. *Ainfi* la civilifation eft quelquefois étrangère à l'augmentation
ou à la diminution de la liberté, comme dans quelques cantons policés
de la Suiffe : *ainfi* nous voyons avec douleur l'efclavage le plus dur, le
plus inhumain établi là où il n'y a point de lumiere, là ou il n'y a
point de civilifation. Et ce tableau qui eft de toute vérité nous
offre la plus forte apologie de ces fafteux monuments que l'efprit
humain a fçu s'élever à lui-même, et en même temps nous prefente
la réfutation la plus victorieufe d'un paradoxe qui n'a fait des
fectateurs que par la nouveauté & la violence d'un éloquence fophiftique ; car enfin n'eft-il pas indifférent à toute l'Europe & même à
l'humanité toute entière qu'il ait exifté il y a trois mille ans un peuple
qui s'appelloit *Grec :* cependant il eft utile à tous les hommes, il eft
glorieux à l'efprit humain que ce même peuple nous ait laiffé des chef-
d'œuvres de philofophie morale, d'hiftoire, d'éloquence & des beaux-
arts, chef-d'œuvres qui nous inftruiront toujours, nous étonneront
encore plus & feront les délices de toutes les générations : enfin n'eft-ce
pas un bonheur pour l'humanité que ce peuple, grace à fa civilifation,
ait fu tranfmettre à la poftérité la plus reculée fa paffion & fon noble
enthoufiafme pour la liberté, auffi bien que fa haine vigoureufe contre
le defpotifme. La premiere eft un phénomène rare parce qu'il fuppofe
des efforts dans le cœur humain : le fecond eft un état plus ordinaire,
mais vicieux, parce qu'il n'eft que l'ouvrage de la force ou de l'opinion.

RÉFLEXIONS

S U R

LA POESIE,

Ecrites en François par L'ILLUSTRE AUTEUR.

L A Poësie n'eſt point un talent acquis; c'eſt un don de la nature, une inſpiration céleſte, une exploſion du génie; auſſi dès le berceau des arts, dès l'aurore des lettres, il y eut des Poëtes, & ces premiers Poëtes ſe ſont élevés à une hauteur de perfection qui fera toujours le déſeſpoir de leurs ſucceſſeurs; ils eurent le prodigieux avantage de s'emparer des objets les plus ſuſceptibles du coloris poëtique, les plus capables des grands effets; ils peignirent d'après nature, & la nature étoit neuve alors. Que ne devoit pas inſpirer un ſi beau modèle à des ames ſenſibles, à des imaginations fortes, à des génies néceſſairement originaux puiſqu'ils étoient les premiers. C'eſt en effet dans les anciens Poëtes que l'on doit chercher tous les genres de beautés qui réſultent d'un choix heureux, d'une ordonnance impoſante, d'une expreſſion juſte & vraie, & de tout ce que l'harmonie peut ajouter de charme à ces beautés du premier ordre. Auſſi ces Poëtes n'ont-il laiſſé à leurs ſucceſſeurs que la liberté de copier, d'imiter les mêmes tableaux, ou d'en combiner autrement les différentes parties : les premiers ſe ſont mis en poſſeſſion de la nature, & ont créé l'art ſans y ſonger. Les derniers ont cru l'avoir créé, parce qu'ils en ont puiſé les régles dans les chefs-d'œuvres des premiers : ceux-ci excellent dans l'invention, dans la re-

C 3

préfentation du vrai beau ; ceux là brillent par le gout , par l'élégance, par la richeffe des détails ; mais toujours trop épris du beau de convention , toujours difpofés à foumettre ou facrifier la nature aux caprices de la fociété ; & fouvent aux fantaifies de la mode , ils ne peuvent avoir cette force qui naît de la vérité du fentiment , ni atteindre à la grande manière en Poëfie, autrement que par une favante imitation des anciens. Il eft même très-douteux qu'une nation civilifée à l'excès & au point d'en être manierée, puiffe longtemps conferver le bon goût dans toute fa pureté, les beaux arts dans toute leur perfection.

La Poëfie peut être regardée comme le *rêve enchanteur* de la Philofophie. En effet elle s'occupe des mèmes objets que la Philofophie, de l'homme & de la nature ; mais c'eft moins pour les connoître à fond que pour les peindre & les embellir ; la vérité eft le premier modèle de fes peintures, comme elle eft le premier but des travaux de la Philofophie : mais c'eft la vérité poffible, idéale, fufceptible de tous les ornemens de la fiction, & à qui elle fait donner le mouvement, l'action & la vie. C'eft par cet art merveilleux qu'elle excite à fon gré dans les ames les émotions douces & les paffions fortes. L'hiftoire nous expofe des tableaux trop fidèles & trop humilians des vices couronnés & des crimes heureux : la Poëfie en flattant le portrait moral de l'homme, lui donne une haute idée de lui-même , relève dans fon cœur le fentiment de fa dignité, & lui infpire ce noble orgueil qui voit tout au-deffus de lui, excepté la vertu ; auffi a-t-elle fait toujours les délices des ames nobles, vertueufes & fenfibles : l'amour de la liberté, l'horreur de l'efclavage, la haine pour les vices & l'injuftice, l'attachement aux loix, les belles actions, c'eft-à-dire celles qui font utiles à l'humanité entière, voilà ce que la Poëfie confacre à l'immortalité, & ce qu'elle propofe à notre imitation ; voilà ce qu'ont célébré les Homère, les Virgile, les Dante, les Milton, les Corneille & les autres génies rares qui ont fait & feront les délices & l'admiration de tous les fiècles.

Ce Poëte philofophe, ce Peintre enjoué de la raifon, dont les vers furent infpirés par l'enthoufiafme, dictés par le bon goût & affaifonnés par tout ce que l'urbanité eut de plus délicat ; Horace, a bien connu & parfaitement exprimé dans fon art poëtique, *chef - d'œuvre de la raifon en image*, les reffemblances de ces deux arts divins de la Peinture & de la Poéfie. C'eft une vérité qui appartiendra à toutes les nations polies & à tous les fiècles éclairés, qu'un Poëme qui ne préfente pas de beaux tableaux, des tableaux qui puiffent ètre réalifés par la Peinture, n'eft qu'une profe mefurée, cadencée, & cette vérité elle-mème pourroit ètre exprimée dans un tableau, où l'on verroit *la Poëfie & la Peinture fe donnant la main en figne d'une union éternelle, en préfence d'Apollon qui reçoit leurs ferment & de toutes les Mufes qui applaudiffent.* En effet, les plus célèbres ouvrages des grands Peintres ne font que des copies faites d'après les tableaux des grands Poètes : Zeuxis & Apelle doivent tout à Homère ; Glaucus doit fon Laocoon, & Jules Romain la chûte des Géans à Virgile ; Michel - Ange, fon Jugement dernier au Dante (*a*) ; le Guerchin, fon enlevement d'Armide au Taffe ; Raphaël, fon école d'Athènes à Platon & à l'Ariofte. Ces exemples ne fuffifent-ils pas pour vous démontrer la fupériorité de la Poéfie fur la Peinture ? celle - ci eft bornée à la repréfentation d'un feul inftant, & quoique par la magie de fes pinceaux elle fache quelquefois donner une idée de l'immenfité de l'efpace, elle n'a pas le mème empire fur le temps, elle pourra bien à force d'art & de génie faire déviner le moment qui a précédé, & faire preffentir celui qui va fuivre ; mais elle ne pourra jamais peindre qu'une action unique, ifolée de toutes les actions qui l'ont préparée, de toutes celles qui l'ont fuivie, & par conféquent privée de tout l'in-

(*a*) La nation Italienne, fi heureufement organifée pour les beaux arts, regrette encore la perte irréparable arrivée dans un naufrage de tout le Dante deffiné par le grand Michel - Ange.

térèt que donnent les gradations ; au lieu que la Poësie embraffe l'é-
tendue du temps & de l'espace, se prescrit ses limites à elle-même, &
se fait une carrière proportionnée à la grandeur de son sujet ; ses tableaux font mouvans autant qu'harmonieux, ils font sentir à l'esprit
des nuances fines & savantes que les sens ne peuvent saisir, & ils présentent à l'imagination un ensemble imposant, dont l'art du Peintre peut
à peine représenter quelques détails.

S'il étoit permis de comparer la lumière physique qui éclaire nos yeux
avec la lumière intellectuelle qui éclaire nos esprits, je dirois que la nature ne nous accorde celle-ci qu'avec une sorte d'épargne ; qu'elle n'a dé-
parti à aucun de nous un faisceau entier de cette lumière pure & telle
qu'elle est dans sa source céleste, mais qu'elle semble l'avoir décomposée
avec son prisme économique, en une multitude de rayons simples, &
qu'elle n'a fait don à chacun de nous que d'un seul de ces rayons, dont
la couleur propre domine dans toutes les productions de notre esprit &
en fait le principal caractère. Ainsi nous voyons toujours dans la Poësie
& la Peinture l'empreinte de la trempe prépondérante de l'ame, & jamais la totalité des perfections réunies. Dans Homère, l'enthousiasme
de la composition & une éloquence abondante & vraie, sublime & naturelle ; dans Virgile, la douce & tendre sensibilité, avec une éloquence
soutenue, harmonieuse, & précise ; dans le Dante, le terrible pitores-
que ; dans l'Arioste, la variété prodigieuse & toujours amusante ; dans
Crébillon, le terrible tragique ; dans Corneille, la grandeur des sentimens ; dans Racine, la diction mélodieuse ; dans Voltaire, l'art inimita-
ble de rendre la Philosophie populaire. Ce font là les traits caractéris-
tiques de ces grands Poëtes : de même la haute intelligence du dessin
& la profondeur dans l'anatomie, la séduisante magie du coloris, le ra-
vissement de la beauté idéale, l'enchantement des graces, le feu des
passions, la force de la composition, caractérisent respectivement les
talens

talens des Michel - Ange , des Titien , des Raphaël, des Correge , des Dominiquin & des Rubens.

Anacréon & Théocrite parmi les Grecs, Ovide & Tibulle parmi les Romains , l'auteur du Paftor Fido, celui de l'Aminte & le Sanazaro parmi les Italiens, les Tompfon en Angleterre , les Gefner & les Haller en Allemagne , les La Fontaine , les Greffet & les Nivernois parmi les François , font les modèles de cette Poëfie légère , élégante ou naïve , qui voltige fur les fuperficies , qui ne prend que la fleur des objets , qui cache l'inftruction fous des emblèmes riants , dans ces apologues inimitables, où les animaux & même les ètres inanimés donnent aux hommes de, fi belles leçons : toujours du goût , toujours de l'élégance , fouvent de la facilité & par tout un charme, une harmonie, qui font aimer la vertu fous les traits de la volupté ; en un mot , LE PINCEAU DE L'ALBANE ENTOURÉ DES JEUX , DES RIS ET DES GRACES , QUI ENTRELACENT UN LAURIER POUR COURONNER L'AMOUR INNOCENT.

D

ESSAY ANALYTIQUE

SUR LES

DÉCOUVERTES CAPITALES
DE L'ESPRIT HUMAIN,

Prononcé à la Société Royale de Londres, l'année 1777.

PAR SON ALTESSE

MONSEIGNEUR LE PRINCE

LOUIS GONZAGA
DE CASTIGLIONE.

A SON ALTESSE

LE PRINCE

LOUIS GONZAGA

DE CASTIGLIONE.

MONSEIGNEUR,

JE ne fais fi j'ai le droit de dédier à V. A. la traduction que nous avons faite enfemble, d'un ouvrage qui eft tout entier de vous; mais je vous demande au moins la permiffion de vous expofer les penfées que m'a fait naître cet ouvrage éloquent & fublime.

S'il eft beau de s'élever au-deffus du vulgaire par l'étendue des connoiffances & la grandeur des idées, comme font les Philofophes : il eft bien plus beau de s'élever au-deffus des Philofophes eux-mêmes, de planer fur toutes les Sciences, & fe foutenant à cette hauteur de découvrir leurs rapports, de fuivre leur filiation, de comparer leurs progrès, de marquer le terme où elles fe font arrêtées, celui où elles pourront atteindre, de leur tracer des routes nouvelles, d'annoncer les découvertes fuutures, de confidérer la Science comme un moyen de bienfaifance univerfelle, & comme le plus folide appui de la morale; enfin de diftribuer des cou-

D 3

ronnes *aux talens , aux vertus , aux génies du premier ordre.*

Telle étoit votre deſtinée, Monſeigneur, *V. A. l'a rem-*
plie & *elle n'a pas trente ans. Il me ſemble voir un*
beau Soleil levant*, qui de ſes premiers rayons éclaire la ci-*
me des plus hautes montagnes.

Par le droit de votre naiſſance, Monſeigneur *, vous étiez*
fait pour régner ſur les hommes; *par la ſupériorité de vo-*
tre mérite, vous êtes né pour régner ſur les eſprits *: la na-*
ture vous a vengé de la fortune en vous déférant le plus
noble de ces deux empires; ſentez-en toute la grandeur,
goûtez-en tout le charme, *continuez de l'exercer pour le bon-*
heur des humains, & *puiſqu'il appartient néceſſairement*
au plus digne, ſoyez ſûr qu'il ne vous ſera jamais ôté.

J'ai l'honneur *d'être avec un profond reſpect,*

MONSEIGNEUR,

DE VOTRE ALTESSE,

Le très-humble & très-
obéiſſant Serviteur *,*
GUENEAU DE MONTBEILLARD.

ESSAY ANALYTIQUE

SUR LES

DÉCOUVERTES CAPITALES

DE L'ESPRIT HUMAIN.

La maſſima coſa racchiuſa dentro la minima è il ſublime dello ſpirito Umano.

A nature humaine a éprouvé des viciſſitudes auſſi triſtes que furprenantes dans l'ordre politique, civil, intellectuel ; l'U-nivers l'a vue fous mille formes différentes produites par l'infinie varieté de ſes propres inſtitutions. Paſſage rapide de la liberté au deſpotiſme & du deſpotiſme à la liberté ; l'homme tantôt rampant dans l'eſclavage, tantôt vainqueur de la tyrannie, révolutions fans fin dans la forme des gouvernements, changements continuels dans les fyſtêmes d'éducation ; erreurs dominantes, opinions diverfes, progrès de l'eſprit humain, éclairs de lumiére, fiècles de ténèbres, nouvelles Religions. (*a*)

L'hiſtoire dépoſitaire fidèle de ces modifications fans nombre de la nature humaine, tantôt particuliéres & momentanées, tantôt géné-

(*a*) Mahomet, &c.

rales & permanentes , toujours liées par l'action réciproque mais invifible des caufes & des effets , ne nous offre qu'un amas confus de
phénomènes ifolés & d'apparences contraires , que des rapports particuliers ou fuperficiels. Les doutes , les incertitudes , l'obfcurité , le
pirronifme même s'emparent de notre jugement , & donnent lieu de tirer cette fauffe conféquence que le monde moral , n'eft point régi comme le monde phifique par des loix générales , mais qu'il eft le joüet
de l'impofture, de la fuperftition & du hazard. Le feul philofophe
penfeur peut remonter jufqu'à la nature des chofes , en employant les
régles mères, les principes fondamentaux du raifonnement , & trouver
un point fixe au fein de l'inftabilité, appercevoir l'ordre dans le cahos,
fuivre d'un pas ferme la marche de la nature dans tous les détours
où elle femble s'égarer ; la remettre enfin dans tous fes droits en fai-
fant pour la morale , ce| qui fit Newton pour la phifique, c'eft-à-dire ,
en découvrant les loix univerfelles du fyftème moral , dont la première eft *la plus grande félicité poffible de l'efpèce entière & de chaque
individu.*

La deftruction de la république Romaine , l'élévation du protef-
tantifme fur le trône, la découverte du nouveau monde , font des
événements majeurs , confignés dans les annales du genre humain. Les
circonftances funeftes qui ont accompagné ces événemens , les con-
vulfions des Etats, les maffacres innombrables , les atrocités inutiles ,
toutes les calamités auxquelles le genre humain eft expofé , intéreffe-
ront toujours la fenfibilité des hommes. Machiavel a recherché les
caufes du premier de ces événements , avec une fagacité profonde ;
Robertfon a donné une excellente hiftoire du fecond , & le troifieme
a été célébré par l'abbé Raynal ; ce génie intrépide, qui par enthoufiafme pour l'humanité, ofa fe faire le précepteur des nations, l'a emporté fur Montefquieu par fa célébrité rapide , & il en fera le rival
aux yeux de la pofterité.

La

La création des fciences, autre événement majeur arrivé dans les deux derniers fiècles, au fein de la paix & dans l'obfcurité du Cabinet, procure aux hommes des avantages généraux, mais peu fentis; cet objet tout grand qu'il eft excite peu leur curiofité, & n'eft guère le fujet de leurs entretiens. Il eft bien plus aifé de parler d'une ville réduite en cendres, des horreurs de la licence militaire, des injuftices éclatantes, des violences politiques, des délires réligieux, que de tirer d'une découverte fcientifique des rapports utiles, & des conféquences heureufes.

Une foule d'auteurs ont écrit l'immenfe, la lugubre hiftoire des impoftures & des extravagances des anciens; ils ont fait paffer fous nos yeux le tableau de ces erreurs trop célèbres, de leurs diverfes fortunes, des maux qu'elles ont produits; ils nous ont fait voir, peut-être fans s'en douter, la fuperftition naiffant de cette fource impure & la rendant intariffable: mais tous ces différents écrivains, n'ont pas eu le même but. L'un femble s'être propofé de faire la fatyre de notre raifon, & d'avilir notre nature; celui-ci d'enfeigner le pirronifme, également deftructeur de l'homme & de la fociété, (a) cet autre enfin d'étaler une érudition auffi vaine que pédantefque; (b) malheureufement on ne peut tirer de tant de milliers de volumes, qu'un réfultat unique, humiliant, & qu'il faut déformais oublier: c'eft que l'efprit humain s'eft égaré pendant une longue fuite de fiècles: ce trifte réfultat ne peut qu'affliger la raifon & l'égarer dans fes recherches, *aucune erreur ne pouvant jamais fervir d'anneau dans la grande chaine des vérités.* En effet à quoi fe réduifent les travaux des faux érudits ? Si - non a recueillir une multitude de paffages Grecs, Latins, Arabes, Chinois, Japonois, Celtiques, pour en compofer un verbiage

E

(a) Voyez Bayle.　　(b) Voyez Brucker.

antiphilofophique, a épuifer leur efprit , à perdre le temps , a le faire
perdre à leurs lecteurs trompés , à devenir les proneurs infatigables de
tout ce qui eft inintelligible , abfurde , contraire aux loix de la nature ,
& les détracteurs ridicules de tout ce qu'ils n'entendent pas.

Pour moi , animé de cet enthoufiafme que l'amour du vrai fait naître
dans les ames libres , & voulant rendre plus familiër un fujet qui fait
honneur à l'humanité; je parlerai de ces génies privilégiés , dont les
découvertes utiles appartiennent à tout le genre humain ; qui ont établi des vérités nouvelles ou détruit des erreurs anciennes ; & non de
ces hommes qui ont fervi une nation en nuifant à une autre : je parlerai de ceux dont les travaux ont rendu le monde plus heureux ,
& ont procuré aux hommes des avantages qui n'ont pas été payés par
le deuil , la terreur & les larmes ; de ces Héros pacifiques , qui eurent la vertueufe, l'augufte ambition d'aggrandir l'empire de la raifon ,
& non de ces héros exterminateurs qui établiffent une gloire funefte
fur la ruine des autres hommes , gloire que ces mèmes hommes qui
en font les victimes, font forcés de reconnoitre extérieurement, mais
contre laquelle leur cœur réclame en fecret , & qu'ils fouleront aux
pieds fitôt qu'ils feront devenus plus éclairés ou plus courageux : Je
parlerai de ces grands hommes auxquels les peuples accordoient les
honneurs de l'apothéofe , le titre de demi Dieux , de génies tutelaires
dans un temps où ces honneurs n'avoient point encore été profanés &
ne fe donnoient qu'aux fondateurs des Cités, aux Légiflateurs , aux
bienfaiteurs de leur patrie, ceux qui l'avoient délivrée de la tyrannie : enfin, je célébrerai ces génies fublimes dont les découvertes font
une imitation des œuvres divines, puifqu'elles font une efpèce de création , & auxquelles ou peut appliquer ces beaux vers de Lucrece.

Primùm frugiferos fœtus mortalibus ægris
Dididerant quondam præclaro nomine Athena ,

Et recreaverunt vitam, legesque rogarunt,
Et primæ dederunt folatia dulcia vitæ.

Oui, fi le génie feconde ma volonté, ce fera le plus beau panégi-
rique de la nature humaine, le fpectacle le plus agréable, le plus étonnant & le plus capable d'élever l'ame, ce fera le calcul le plus fûr des
forces de l'efprit humain, & le préfage le plus infaillible de fes progrès futurs.

Si le Temple de Bramante & de Michel-Ange, le Moïfe de ce dernier, la transfiguration de Raphaël, fon école d'Athènes, l'Attila de
l'Algardi, la fontaine du Bernin, les aqueducs de Caferte, & le port
d'Ancone de Vanvitelli, font des monuments dignes de difputer aux
anciens la palme des beaux arts, des monuments qui annoncent peut-
être plus de hardieffe de génie que le Panthéon & le Colifée : il faut
avouer néanmoins, que les anciens ont confervé la prééminence dans
la Poëfie, dans l'art de la perfuafion, art fublime, enfant du fentiment & de la liberté ; dans cette partie de la législation morale qui,
en infpirant l'enthoufiafme rendoit les hommes propres aux grandes
chofes, & capables de ces actions fortes qui font confacrés par l'admiration de tous les fiècles, mais qui ne peuvent être admirées digne-
ment que par des hommes libres. Les anciens l'ont emporté fur les
modernes par cette magnanimité, cette dignité de conduite, qui avoit
fon principe dans la confcience de leur grandeur réelle, & dans le
fentiment intime de leur propre excellence. Enfin ils l'ont emporté par
ce nombre étonnant de Héros, dont la vertu, les lumiéres, la valeur ont immortalifé leur patrie en les immortalifant eux-mêmes. Mais
les anciens n'ont pas eu à beaucoup près, les mêmes avantages fur les
modernes dans la philofophie expérimentale, dans la fcience de la nature, dans l'obfervation de fes phénomènes, dans la découverte de fes
loix, dans l'analife de l'efprit humain, dans la méthaphifique : fur

ces grands objets ils ne firent qu'imaginer & prononcer d'un ton im-
pofant des fyftèmes précaires & menfongers; & ces faux fyftèmes ayant
obtenu le culte dû à la vérité, n'ont fait que retarder les progrès de
la raifon en la tenant courbée pendant 30 fiècles fous le joug de
l'autorité.

L'imbécillité fuperftitieufe prodiguant des éloges peu mérités, a
admiré comme génies du premier ordre, des érudits qui favoient par
cœur toutes les fauffes opinions préfentes & paffées, qui les combinant, les multipliant avec tout l'art de la Logique, laifferent leur fiècle
au même point où ils l'avoient trouvé, & qui loin de diminuer la fomme des erreurs, l'augmentèrent par *la fomme plus ou moins grande
de leurs fauffes combinaifons*. Tel fut Pic de la Mirandole mon parent:
tel fut...... mais ce font là des talents vulgaires & fubalternes, &
ce qui eft bien pis, des talents inutiles. Celui qui fe trouvant au milieu des ténébres de l'ignorance, dans les entraves du préjugé, envi-
ronné des fuggeftions infidieufes de la fuperftition, ofa fecouer le joug,
s'élever au deffus de fes contemporains, leur annoncer des vérités nouvelles, fut vraiment un génie du premier ordre ; celui qui parvint à
développer l'origine des erreurs des anciens, qui fit voir comment
ils ont abufé de leur raifon, pourquoi ils nous ont tranfmis tant d'abfurdités inintelligibles ; celui qui fut mefurer les forces de l'entendement,
apprendre aux hommes les moyens de les augmenter & d'en faire ufage,
raffembler toutes les connoiffances certaines, en former une maffe de
lumiére pour éclairer la route qui conduit aux vérités nouvelles ; celui en un mot qui a été le légiflateur des fciences & le guide des favants, voilà un génie du premier ordre ; tel fut Bacon de Verulam,
qui opéra la plus étonnante révolution dans les efprits, révolution
qui, par fa généralité même, a échapé à la fagacité de plufieurs, &
qui lui affure l'admiration de la poftérité la plus reculée.

Les anciens aimoient à croire que nos fens avoient plus d'analogie avec la nature des chofes qu'avec notre propre nature ; & c'eft la premiere fource de leurs erreurs, la premiere origine de tout leur fyftême des caufes finales, de leur penchant à fuppofer dans les chofes plus d'ordre, plus de régularité qu'il n'y -en a en effet ; enfin la caufe de leur difpofition à être plus frappés des chofes affirmatives que des négatives ; de là les chimères antiques de l'aftronomie Platonicienne fur les éléments, &c. de là leur penchant invincible à rejetter les caufes trop abftrufes par l'impatience du travail, les caufes trop bornées parce qu'elles gènent l'effort de l'efpérance, les chofes les plus cachées de la nature par fuperftition, les oracles de l'expérience par orgueil, enfin les paradoxes par vanité ; d'où il eft arrivé que les anciens, au lieu d'analifer la nature pour la connoître telle qu'elle eft, l'ont defigurée par leurs abftractions, & que tous leurs efforts fe font terminés à enfanter trois fauffes Philofophies, la fophiftique, la fceptique, & la fuperftitieufe. La premiere eut pour fondateur Ariftote ; cet homme trop fameux corrompit la philofophie naturelle en y mèlant fes artifices fyllogiftiques, il crut avoit créé l'Univers lorfqu'il eut inventé les cathégories ; & voulant affujettir la fimplicité de la nature à la fubtilité de fes formules, il fit de la phifique une fcience de mots. A la vérité dans fon hiftoire des animaux & dans fes problèmes, on le voit s'appuyer de l'expérience ; mais il ne lui donne que le fecond rôle, & l'on peut dire que c'eft un efclave qu'il interroge pour confirmer fes axiômes & non l'oracle qu'il confulte pour les établir.

Pirron fut le fondateur de la philofophie fceptique ; il avilit, il décria la raifon humaine à force d'exagérer fa foibleffe ; plus habile à détruire qu'a édifier ; il ravit aux hommes la douce efpérance, & enfeigna un fyftème incompatible avec toute fociété.

Le fondateur de la philofophie fuperftitieufe, Pytagore, fut le pre-

E 3

mier à intéreffer la divinité dans la recherche du vrai, & à faire l'apothéofe de l'erreur, ce qui fuivant Bacon, doit être regardé comme
la pefte de l'entendement; il donna le premier le funefte fignal de
cette guerre que la fuperftition n'a cefté de faire à la vraie philofophie; il mit en vogue cette opinion abfurde, non moins injurieufe à
la divinité que contraire aux lumiéres de la raifon, c'eft qu'il peut y
avoir dans les œuvres de la toute puiffance de Dieu, quelque chofe de
contraire aux décrets de fa volonté, & que l'ignorance des caufes
intermédiaires engagé les hommes à lui rapporter immédiatement comme à la caufe premiere, les phénomènes de l'univers; ce qui feroit
fonder fur le menfonge l'hommage dû à l'éternelle vérité. Oui, la
vraie philofophie eft la fœur de la vraie religion; toutes deux ont le
même père qui eft le grand Etre; toutes deux ont le même but, qui
eft de l'admirer & de l'adorer dans fes œuvres; toutes deux font également ennemies de la fuperftition; leur culte eft d'autant plus pur
qu'il eft plus éclairé; & l'hymne que Newton adreffe à Dieu à la fin
de fon livre prodigieux des principes, eft plus perfuafif, parle plus
au cœur, que des milliers de traités fcholaftiques *de Deo*.

Le grand artifice des anciens, artifice fécond en chimères & en
rêveries philofophiques, artifice tranfmis trop fidellement de Platon
jufqu'à Mallebranche & Leibnitz; c'eft l'abus du ftile figuré: ils ont
empruntés les expreffions correfpondantes aux idées repréfentatives
des propriétés de la matière pour expliquer les phénomènes intellec-
tuels qui n'ont point avec ces idées de mefure commune, avouée
généralement par tous les hommes; & ce qui a beaucoup contribué
à perpétuer l'erreur, c'eft que l'erreur a procuré à fes apôtres une
réputation auffi brillante, que celle qu'on pourroit acquérir aujourd'hui
par la découverte des plus grandes vérités.

Parmi les caufes qui ont le plus retardé la révolution que devoit
opérer le génie de Bacon, il faut compter cette manie contagieufe

qui entrainoit alors les plus beaux efprits dans la carrière de la théologie, ou plutôt dans la lice de la difpute, qui leur faifoit confumer
toutes leurs forces à ces fortes de tournois, & regarder la philofophie comme une fcience fécondaire, comme un art fubalterne, indi-
gne d'occuper un homme tout entier. Une autre caufe qui retarda en
Occident cette heureufe révolution, ce fut l'influence tirannique des
fiècles précédents; influence fi puiffante, que toutes les Académies,
tous les collèges, en un mot, toutes les inftitutions qui avoient pour
but l'avancement des fciences, ne fervirent pendant longtemps qu'à
les retarder; parce que l'efprit général étoit d'avoir un refpect aveugle
pour les anciens, & de pefer les opinions au poids de l'autorité &
non de la vérité : auffi les auteurs de toute nouveauté, étoient ils
vus comme perturbateurs du repos public, témoin le francifcain
Bacon, qui fut accufé de magie, & violemment perfécuté par fes
confrères, pour avoir ofé s'élever au deffus de fon fiècle. Enfin la
révolution fut retardée par le préjugé régnant de l'impoffibilité de
faire mieux : on exagéroit l'obfcurité de la nature, les illufions des
fens, la briéveté de la vie, la foibleffe de l'entendement humain, la
difficulté des expériences nouvelles, & l'on reftoit dans cette fauffe
opinion, qui n'eft pas encore entiérement détruite. C'eft que les fciences ainfi que les états, ont leurs périodes limitées, & que lorfqu'elles
ont atteint une certaine hauteur, elles déclinent néceffairement (a):
idée abfolument contraire à la nature de l'efprit humain, & qui ne
fe réalife quelquefois que par l'effet des révolutions politiques, &
par l'afcendant des législations deftructives.

Le génie de Bacon s'éleva le premier à ces grands objets, & les
analyfa; il excita les hommes à l'étude de la philofophie expérimen-

(a) David Hume n'étoit pas exempt de cette erreur.

tale par des raifonnements dont la force & la lumiére tranfportent d'admiration, fur tout lorfqu'on fait attention à l'état ou étoient alors les fciences : en effet il vit, il déclara que la philofophie naturelle étoit infectée & corrompue dans l'école d'Ariftote par l'abus de la logique; dans celle de Platon par les chimères d'une théologie naturelle fictive; & enfin dans la feconde école de Platon, de Proclus &c. par l'ufage prématuré des mathématiques, lefquelles doivent perfectionner, confommer la philofophie naturelle, mais ne peuvent la produire. Il invita quelques hommes d'un génie hardi à entreprendre courageufement d'affranchir l'efprit humain des fauffes théories & des notions vulgaires, accumulées au hazard, & fondées fur la feule autorité ou fur les abftractions : de l'appliquer à l'obfervation des faits, de lui couper les aîles, & en quelque forte de l'appefantir dans fon effor, pour l'empêcher de prendre un vol trop rapide, & voilà d'un feul coup de pinceau, la méthode d'étudier la nature ébauchée; voilà d'un feul élan, l'intervalle qui fépare l'erreur de la vérité franchi ; effort de génie bien fupérieur à tout ce qu'a fait Defcartes, puifque malgré les lumiéres qu'avoit répandu Bacon, il n'enfeigna que le doute, ce doute trop vanté par la partialité nationale, doute ftérile & par lequel Defcartes fit plus de mal que de bien , en fubftituant aux erreurs anciennes des erreurs nouvelles qui ont tirannifé la France pendant foixante ans. Ce fut donc Bacon qui dit à la poftérité comme le Créateur, voila la lumiére, fuivez là, & vous connoîtrez les myfteres de la nature : il preffa, il détermina les hommes à entrer dans la nouvelle carriere, par cet argument victorieux que le célèbre Pafcal, ce Lucien moderne, employa depuis en faveur de la religion; *fi vous fuivez la route que je vous indique, vous ne rifquez qu'un peu de peine, fi vous ne la fuivez pas , vous rifquez de tout perdre.*

Les aphorifmes du *novum organum* de Bacon préfentent un code de loix à obferver dans la recherche de la vérité; loix déduites de la

conftitution

conftitution mème de l'efprit humain, bien différentes de ces loix arbitraires que dicta le vifionnaire mais éloquent Mallebranche un fiècle plus tard, & qui ne peuvent qu'égarer méthodiquement ceux qui les fuivent. La loi fondamentale, invariable de la philofophie naturelle, c'eft qu'il ne faut jamais s'élancer immédiatement de quelques faits particuliers aux principes généraux, mais s'élever lentement & pour ainfi dire, à pas comptés, par tous les degrés des principes intermédiaires jufqu'aux derniers ; & de là revenir fur fes pas, pour développer tous les autres faits de mème genre. Galilée déduifit de fes expériences le principe intermédiaire de la gravité conftante près de la furface de la terre; & s'il n'eut point été guidé par la régle de Bacon, il eut erré, en regardant comme un principe général de la nature ce qui n'en eft qu'une modification. Newton ayant multiplié les faits, à l'aide de l'échelle des idées intermédiaires, découvrit le principe plus général de l'attraction, & rapportant fur la terre cètte lumiére qu'il avoit pour ainfi dire puifée dans le ciel, il la répandit, chemin faifant, fur tous les phénomènes qui dépendoient de la mème loi.

Bacon annonça le premier à fon fiècle, que toute philofophie doit avoir pour bâfe, une maffe de faits & d'expériences ; fource unique des lumiéres néceffaires à la découverte des caufes. Il s'aperçut le premier que pendant l'efpace de tant de fiècles, Ariftote, Pline, & les autres, n'avoient fait autre chofe en hiftoire naturelle, que de compter les efpèces, & décrire la nature dans fon cours ordinaire ; & qu'on n'avoit rien cherché par la véritable route, rien vérifié, rien calculé, ni pefé, ni mefuré; que par conféquent tout étoit vague, indéfini, incertain, ou entiérement inutile à l'inftruction de l'efprit. Car de mème que dans les guerres civiles, les paffions & les talents des hommes, fe montrent & fe développent, ainfi la nature veut ètre tourmentée pour fortir de fon obfcurité, & produire fes fecrets au grand jour. Ce fut Bacon qui enfeigna le premier la méthode nouvelle & fublime qu'il nomme méthode d'*induction* pour remonter des faits particuliers aux principes intermédiaires , & enfuite aux axiomes généraux : cette méthode , bâfe & fondement unique de tout favoir humain , confifte à préfenter à l'efprit l'énumération exacte & rigoureufe de tous les phénomènes de même genre , en rejettant toutes les caufes qui n'ont pas ce caractère effentiel d'accompagner inféparablement les phénomènes , de croître , de diminuer à mefure qu'ils croiffent & diminuent , & de difparoître quand ils difparoiffent : enforte qu'il refte pour caufe unique , celle qui portera cette empreinte caractériftique & qui fera infailliblement la véritable caufe : le principe ou axiome général étant ainfi trouvé , il faut vérifier fi les phénomènes ultérieurs en dérivent : s'ils s'y trouvent conformes , & dans le cas où l'épreuve réuffira , ce fera un nouveau garant de la certitude de l'axiome même. Képler avoit trouvé les loix fuivant lefquelles fe meuvent les planettes , & ces loix exigeoient celle de l'attraction Newtonienne , puifqu'elles ne pouvoient s'accorder avec aucune autre caufe intermédiaire. De cet axiome fécond tiré des loix de Képler , fort l'explication d'une multitude d'autres phénomènes que Képler n'avoit point obfervés ; tels que les marées , la préceffion de équinoxes , les irrégularités des mouvements lunaires dans certaines limites déterminées : ces divers phénomènes fe déduifent du même principe de l'attraction , précifement tels que l'obfervation les donne ; & dès-lors , ils en font une confirmation victorieufe. Voila comment le génie de Bacon fut porté dans les cieux. Exemple éclatant & bien propre à faire voir la grande influence de ce Philofophe fur l'état actuel de nos fciences modernes.

Le même efprit anima depuis toutes les autres fciences. La morale , dans laquelle l'hiftoire des paffions & de leurs effets bien analyfée , aura le même ufage que l'hiftoire des faits dans la phifique : le droit public , la législation , la logique , la métaphifique , l'hiftoire naturelle dans toutes fes parties, tout eft dû à cette méthode de Bacon. Il nous refte à la voir généralement appliquée en Europe à la législation civile & criminelle : l'une & l'autre languiffent encore fous l'oppreffion de l'ancienne méthode qui a dégradé la raifon pendant vingt fiècles, mais il eft poffible d'en corriger les abus ; un feul exemple fuffit pour le prouver. L'ufage de la torture eft appuyé fur des volumes d'autorités : Thomafius paroît, & démontre par la logique de Locke l'abfurdité de ce prétendu *criterium* de vérité : la démonftration de cet ami des hommes a été applaudie, répandue par d'autres écrivains, & elle n'eft point reftée au nombre des théories ftériles, puifqu'elle a été caufe de l'abolition de la torture dans deux grandes monarchies. Si les progrès de la Jurifprudence civile & criminelle ne vont pas de pair avec ceux de l'aftronomie, c'eft que le pédantifme & l'intérèt particulier mal entendu, font une guerre éternelle à cette méthode fublime. Les anciens au contraire, en firent ufage, parce que vivant dans des gouvernements libres, ils avoient le plus grand intérèt à chercher la vérité dans tout ce qui concerne la législation ; mais n'ayant pas fu faire l'application de cette même méthode aux autres fciences, l'erreur fut leur partage, comme elle eft celui des fectateurs de la jurifprudence Gothique & Lombarde, dont un bel efprit d'Italie a ofé fe faire le panégirifte : c'eft ainfi qu'Erafme a fait l'éloge de la folie, & Rouffeau celui de l'ignorance.

Bacon décompofa & réorganifa tout le fyftème intellectuel, en faifant l'anatomie & la filiation de tous les objets de l'efprit humain, qu'il confidéra comme un tronc d'où partent des rameaux fans nombre : d'après cette idée, il forma l'arbre généalogique des fciences dérivé de la nature même de l'efprit & de la nature des objets fur lefquels il s'exerce. Les trois facultés de l'ame, la *mémoire*, l'*imagination*, la *raifon*, lui donnèrent la première divifion de l'arbre en trois grandes branches ; hiftoire, poëfie, philofophie. L'hiftoire confidérant feulement les individus, tient

un régiſtre exact des actions de l'homme, des faits de la nature &
des œuvres de Dieu. La poéſie traite encore des individus; mais des
individus feints, qu'elle-même crée d'après ceux qui exiſtent réellement, fans néanmoins s'aſtreindre à leurs juſtes dimenſions qu'elle
aggrandit, qu'elle éxagère à fon gré. Enfin la philoſophie abandonnant
les individus & les faits particuliers, en tire par ſes abſtractions des
principes généraux qui font les véritables loix que fuit la nature
dans toutes ſes opérations. Les nombreuſes ramifications qui naiſſent
de ces trois branches principales, dérivent de la différente nature des
objets, & des différents points de vué de l'eſprit; tout homme tant
foit peu capable d'analyſe les trouvera facilement de foi-même, en
fuivant les traces lumineuſes de Bacon. Ce grand homme les a toutes
vués diſtinctement, les a comptées: il a compris dans ſa vaſte énumération, celles qui n'exiſtoient point encore; il a indiqué la foibleſſe
& ſi j'oſe dire les maladies de celles qui exiſtoient déja, & les moyens de leur rendre la force & la fanté; c'eſt ainſi qu'en créant les
unes, & qu'en vivifiant les autres, il ſe rendit vraiment l'auteur de
cette heureuſe révolution dont nous recueillons les fruits dans les découvertes de Képler, de Galilée, de Toricelli, de Malpighi, de Borelli, de Locke, de Hales, de Newton, de Harvei, de Boerhave, de
Deſcartes, de Monteſquieu, de Buffon, en un mot, de tous ceux qui
s'élançant dans la carriére ouverte par ce génie immortel, ont partagé
avec lui la gloire de *régénérer* l'eſprit humain.

Enfin Bacon devint le Solon de la république des lettres, en formant le code politique de la république entière, & le code civil de
ſes différents départements. Le premier conſiſte dans l'inſtitution des
académies qui ont pour but le progrès des ſciences, qui enrégiſtrent
les nouvelles découvertes, qui les encouragent, les multiplient par des
prix propoſés avec intelligence, & décernés avec équité. Inſtitution
admirable & nouvelle, inconnue aux anciens, & dont l'eſprit a toujours

été diamétralement oppofé à celui des univerfités. Celles-ci ennemies nées de toute nouveauté, tendent naturellement à perpétuer les erreurs anciennes avec une forte de defpotifme, n'enfeignant jamais que la doctrine dominante à laquelle elles femblent avoir attaché leur exiftence: la deftruction de l'erreur fut l'ouvrage de celles-là, mais elles ne confommèrent cette deftruction qu'après avoir lutté longtemps contre l'opiniatre réfiftance des univerfités. L'académie des fciences de Paris renverfa le Cartéfianifme pour lequel les univerfités combattirent à outrance, de même que l'académie *Del cimento* avoit porté les premiers coups à l'Ariftotélifme dans les plus beaux jours de fon triomphe. Les moyens politiques propofés par Bacon pour rendre la république des lettres floriffante, font les récompenfes accordées à ceux qui les cultivent, l'établiffement des bibliothéques, l'encouragement des parties de la fcience trop peu cultivées, les voyages pour vérifier les faits & les multiplier, le bon choix des hommes deftinés à fuivre ces objets importants, la faveur des Princes, leurs bienfaits, & furtout leur familiarité ; la communication générale & réciproque entre tous les gens de lettres par le moyen des journaux, des recueils académiques, &c. enfin l'abondance & la perfection des inftruments. Tout cela fut propofé par Bacon ; tout cela fut exécuté : & les progrès étonnants des fciences répondirent pleinement à fes grandes vuës.

Pendant vingt fiècles & plus, la logique d'Ariftote régna defpotiquement dans toutes les écoles, y fut étudiée avec une efpèce d'idolâtrie, & regardée comme le véritable guide de l'efprit humain, l'unique inftrument de la vérité, & la feule clef de la nature. Quelle fagacité ne fallut-il pas à Bacon, pour en découvrir l'infuffifance & l'illufion ! quoique cette logique, dit-il, puiffe fervir dans les affaires civiles & par tout où il n'eft queftion que de difcours &

d'opinion, toute fa fubtilité eft en défaut quand il s'agit de la nature, de forte que pourfuivant fans ceffe ce qui lui échape toujours, elle fert plutôt à établir, à .confirmer l'erreur, qu'à montrer le chemin de la vérité : il falloit donc trouver une méthode plus exacte & plus fure pour guider l'entendement humain, ce fut le chef- d'œuvre de Locke, génie original & du premier ordre, qui à découvert des vérités fécon- des, lefquelles fixent la plus glorieufe époque de l'efprit humain. Da- vid Hume, ce Tacite de l'Angleterre, & qui joint la profondeur à la faga- cité, me paroît s'être trompé en annonçant que la réputation de fon compatriote fubiroit le fort de celle d'Ariftote & de Mallebranche dont la doctrine eft oubliée aujourd'hui ; la vérité & non l'erreur a droit de vivre dans la mémoire des hommes & le fort de Locke après avoir trouvé les Loix générales de l'efprit & de fa puiffance créatrice, a été le même que celui de Newton après qu'il eut découvert les Loix gé- nérales de la matière, qui régiffent le ciel & la terre : tous deux fu- rent attaqués par l'ignorance & la fuperftition ; tous deux ravirent à leurs fucceffeurs l'efpoir d'ajouter à leurs découvertes aucune découverte confidérable; enfin tous deux ont triomphé de tous les obftacles, avec cette différence néanmoins, que l'intelligence des ouvrages du phificien fera refervée, même dans les âges à venir, à un petit nombre d'ef- prits privilégiés, au lieu que les découvertes du métaphificien font devenues des vérités élémentaires.

Déja toute l'Italie applaudit avec des tranfports de joye & de re- connoiffance aux vues patriotiques du docte Soave qui lui a fait un préfent ineftimable en publiant en Italien, un abrégé du chef- d'œuvre de la métaphifique : de cette métaphifique fublime qui cultivant la plus prétieufe partie de nous-même, dévient l'organe de la vérité, défend contre les incrédules la vraie religion, la religion utile à la fociété, & renverfe le trône de la fuperftition encore plus dangereufe que l'an-

crédulité même. (*a*) En effet, la premiere toujours armée du pouvoir, & l'exerçant tyranniquement, n'a que trop fait gémir la mal-
heureuse humanité fous fes fléaux rédoutables, tandis que les mauvais
effets de la feconde, n'exiftent que dans les livres. L'Italie, dis-je, à
qui appartiennent les plus brillantes époques du monde. Cette Italie ha-
bitée par une nation fi exclufivement privilégiée pour les beaux arts,
dont le deffein eft la bafe, que les autres nations policées femblent ne

---

(*a*) Je croirois plutôt difoit Bacon, (Effais civils & moraux,) toutes les fa-
bles de l'alcoran, que de croire que l'admirable architecture du monde n'eft pas
l'ouvrage d'une fouveraine intelligence : auffi Dieu n'a jamais fait de miracles pour
convaincre l'athéifme ; car le fpectacle de la nature créée, eft un miracle fubfiftant
bien capable de le confondre : en effet, une légère teinture de philofophie peut
bien difpofer l'efprit de l'homme à l'athéifme, mais les connoiffances approfondies
le ramènent à la religion, c'eft-à-dire à la vérité. L'athéifme, dit le même
Bacon, laiffe à l'homme, le fentiment, la philofophie, la pieté naturelle, les
loi, la réputation, toutes chofes qui peuvent le mener aux vertus extérieures
& morales, quand même il n'exifteroit point de religion ; tandis que la fuperftition renverfe toutes ces chofes, en voulant régner defpotiquement fur les
efprits. L'athéifme n'a jamais troublé les Etats, il n'a d'autre inconvénient
que de concentrer les fentiments de l'homme en le ramenant toujours à lui-
même, & le rendant indifférent à tout le refte : auffi voyons nous que le fiècle
d'Augufte a été affez tranquille, au lieu que la fuperftition a bouleverfé un grand
nombre d'Etats, en formant pour ainfi dire un premier mobile qui entraînoit
avec violence toutes les fphères du gouvernement. Cette réflexion de Bacon,
auffi jufte que profonde & qui eft devenue le germe de plufieurs volumes, comme il arrive toujours aux traits de génie, a été combattue par le favant War-
burton évêque de Glocefter ; mais pour le triomphe de la vérité, on apperçoit
dans fon ouvrage, le théologien qui répond au philofophe profond & verfé dans
la connoiffance de la nature humaine ! Hé qui ne voit que la liberté eut coûté
bien moins de fang aux Hollandois, s'il avoient eu à lutter contre le très irré-
ligieux, mais très clément Jules Céfar, plutôt que contre le fuperftitieux &
barbare Philippe II ?

pouvoir même entrer en concurrence avec elle: cette Italie qui dans le
quatorzieme fiècle , offrit au monde une époque glorieufe , en ce que
les Créateurs de la littérature Italienne , ces génies fupérieurs qui rame-
nèrent le fiècle d'Augufte en fixant le fecond fiècle des lettres , les Bo-
cace , les Dante , les Pétrarque , les Machiavel , formèrent dans leurs
écrits , une heureufe conjuration contre la tyrannie des préjugés fuperftitieux ; ce qui dans les temps de ténèbres , fupofoit plus d'effort
de génie , plus de courage d'efprit que certains philofophes de nos
jours qui paffent pour trop hardis , ne peuvent s'en fuppofer à eux-
mêmes. Cette Italie qui dans le quinzieme fiècle (a) changea le fyftème
de l'Europe , & pofa le fondement d'un droit public tout nouveau ,
en imaginant la balance du pouvoir , & maniant avec une adreffe admirable cette balance peu connue des anciens , dont l'équilibre parfait
eft le plus fûr garant de la paix générale , & dont l'anéantiffement an-
noncera toujours aux foibles l'oppreffion & les malheurs. Cette Italie ,
qui par l'organe du célèbre Fra-Paolo , apprit à toute l'Europe chrétienne le rare fecret adopté généralement aujourd'hui , de réfifter aux
prétentions abufives des miniftres de la Religion , & de les combattre
fans ébranler les Etats , fans troubler la paix publique , & fans jamais
s'écarter du refpect dû aux grands principes de la révélation. Cette Italie
qui après avoir régné fur la partie la plus diftinguée de l'efpèce humaine , par l'exemple & l'enthoufiafme des vertus publiques & particuliéres , par l'excellente éducation qu'elle donnoit à la jeuneffe , & par
fa mâle difcipline , exerce encore fur plufieurs nations éclairées , un
nouvel empire entiérement fondé fur l'opinion , ce qui eft un phénomène
unique dans l'hiftoire de l'Univers. Cette Italie , qui renouvellant il y
a quelques années dans une Isle de fa dépendance le fpectacle des vertus
de Sparte , fit voir quels prodiges l'amour de la liberté , peut opérer
dans

(a) Voyez Guichardin livre premier.

dans les cœurs Italiens , fous les aufpices d'un chef qui fera l'admiration de toutes les grandes ames, & tiendra un rang diftingué dans
le temple de la renommée. Cette Italie qui a déja commencé à flétrir
une portion de la fociété fuffifamment caractérifée par fon ignorance,
fon efprit fuperftitieux & perfécuteur, enfin, par fa haine pour les vérités utiles ; qui au contraire refpecte, admire, applaudit la portion
choifie de la fociété qui cultive en paix la morale univerfelle fondée
fur les vues de la nature, & fur l'intérêt bien entendu de l'efpèce humaine. Cette Italie le berceau d'une Mufe moderne, vrai prodige d'in-
fpiration poëtique & philofophique, qui a obtenu les honneurs du
triomphe d'un Souverain protecteur des grands talents & rival du grand
Léon, digne d'achever, de perfectionner ce chef-d'œuvre d'architecture, cette Bafilique fuperbe qui éclipfe tous les monuments de la plus
belle antiquité. Enfin, cette Italie qui m'a donné tout l'enthoufiafme
de l'ambition littéraire, & la noble témérité d'afpirer aux fuffrages de
l'académie la plus éclairée de l'Univers.

La théorie de Locke eft aufli lumineufe que fimple : l'origine, le
procédé des opérations de l'ame & la génération des idées, font la
bafe de la métaphifique ; il faut regarder l'ame comme une table râfe,
cette table râfe reçoit par le moyen des fens, les impreffions des objets qui doivent être les matériaux de l'édifice de fes connoiffances.
Un fecond fait de méthaphifique expérimentale, c'eft que l'ame a la
faculté de conferver ces impreffions, quoique les objets qui les ont
produites ne foient plus préfents ; qu'elle peut même les reproduire par
la réminifcence à l'occafion d'une impreffion actuelle qui les a accom-
pagnées dans un autre temps. Ce principe de la connexion, de l'affociation des idées, eft une loi primordiale, & pour ainfi dire, con-
ftitutionnelle de l'entendement humain. Locke tira cette loi des phénomènes de l'efprit, comme Newton avoit tiré la loi de l'attraction des
phénomènes de la matière ; & s'il fut le créateur de la métaphifique ,

G

c'eſt parce qu'il fut le premier à la traiter par la méthode expérimentale ; mais autant les faits qui ſervent de baſe à ſa théorie ſont certains, autant leurs cauſes phiſiques ſont obſcures & impénétrables :
pluſieurs beaux génies ſe ſont tourmentés en vain à les chercher , &
moins ſages que Locke ils ont ajouté à ſes découvertes des hypothèſes frivoles. La vanité de l'homme humiliée par l'obſcurité des choſes, le porte à chercher dans ſa propre imagination quelque dédommagement ; & c'eſt là l'origine des hypothèſes par leſquelles le cœur ſéduit
la raiſon. Locke ſatisfait d'avoir découvert les faits fondamentaux de
la méthaphiſique, ne s'eſt point égaré dans le dédale. Cette vérité de
fait que toutes nos connoiſſances viennent des ſens, fut un principe
ſtérile & précaire entre les mains d'Ariſtote & de ſes ſectateurs; il le
mit en avant plutôt afin de combattre les idées innées de ſon maître
Platon, que pour poſer la baſe d'une théorie vraie & ſolide. Locke
l'érigea en principe fondamental , & le démontra de même que Copernic & Galilée démontrèrent le mouvement de la terre ; & comme
les phénomènes céleſtes s'expliquent tous par ce mouvement, & ne peuvent s'expliquer ſans cela, de même l'explication de tous les phénomènes de l'entendement portent ſur ce principe que nos ſens ſont les
inſtruments, & nos ſenſations les principes de toutes nos connoiſſances.

Cette origine de nos connoiſſances une fois fixée, il ſera aiſé de
voir qu'elles ſont néceſſairement limitées par la nature des choſes ,
& l'on renoncera ſans retour aux ridicules queſtions pour leſquelles la
tourbe philoſophique s'eſt agitée l'eſpace de tant de ſiècles. Ces prétendus philoſophes dédaignant des vérités qui étoient à leur portée,
ſe fatiguèrent vainement dans la recherche de la nature de l'ame , de
l'eſſence de la matière, des ſubſtances , & de tout ce que *caliginoſa
noête premit Deus*. On verra facilement auſſi que l'unique moyen d'en-
richir l'entendement de connoiſſances certaines , eſt de rendre les idées

compofées auffi complettes qu'il eft poffible ; & de fixer le nombre des idées fimples qui entrent dans leur compofition ; c'eft - là le feul moyen d'en reconnoître la convenance & la difconvenance , en quoi confifte tout l'art du raifonnement ; & cet art fera toujours faux & trompeur quand on y employera des idées vagues & indéterminées. La forme fyllogiftique ne pourra être ici d'aucun ufage, car l'efprit fuivra bien mieux la chaîne des idées intermédiaires, lorfqu'il pourra fe repréfen- ter ces idées fucceffivement & dans leur ordre naturel, qne lorfqu'il les confidérera dans le nuages des formes fyllogiftiques. La découverte qui fait le plus d'honneur au génie de Locke, c'eft l'art inventé par lui de décompofer les idées les plus complexes & les plus fublimes, com- me Newton décompofa la lumière, de les réfoudre en leurs éléments qui font les copies des fenfations, en un mot, de faire l'analyfe de l'ef- prit humain. Toutes les fois donc que nous pourrons nous former des idées déterminées des objets de nos recherches, comme dans la géo- métrie & dans la morale univerfelle où nous combinons des idées de notre création, nous pourrons arriver à la certitude & à l'évidence, & nos erreurs ne viendront que d'avoir employé, foit par négligence, foit de mauvaife foi , des idées vagues & obfcures. Mais lorfque nous voulons étudier la nature, & confidérer les objets qui ont une exiftence réelle hors de nous, comme nous ne pouvons connoître ces objets qu'imparfaitement, nous ne devons ufer du raifonnement qu'avec beau- coup de retenue & après avoir longtemps confulté l'obfervation & l'expérience.

Le fondement de nos idées eft auffi le principe de leur affociation, mais cette affociation même, ainfi que leur indétermination eft une fource féconde d'erreurs & de préjugés. Les Ariftotéliciens virent que l'élévation de l'eau dans une pompe fuppofoit qu'il s'étoit formé un vuide dans le corps de la pompe , & affociant mal-à-propos ces deux idées, ils expliquèrent le phénomène par l'horreur de la nature pour

le vuide. Un courtifan vivant dans un gouvernement abfolu, décoré
d'ordres & de titres qui lui attirent les hommages forcés ou intéreffés
des fubalternes, foutiendra impudemment à un républicain, toujours
prêt à s'immoler pour fa patrie, que la forme de gouvernement dans
laquelle il vit eft la meilleure de toutes, parce que l'idée de ce gouvernement & celle des plaifirs qu'il fait s'y procurer, font affociées
inféparablement dans fon efprit. De là cet attachement invincible aux
erreurs philofophiques & religieufes, parce qu'elles fe trouvent affociées avec l'idée des perfonnes chéries & refpectées qui les ont tranfmifes. L'unique moyen d'affranchir l'efprit de l'erreur & de le difpofer à recevoir la vérité eft donc de détruire toute fauffe affociation d'i-
dées, de fixer le vrai fens des mots, de raifonner toujours fur des
idées déterminées, de reconnoître quelles idées peuvent l'être ou non,
& d'avouer ingénument notre ignorance lorfque ces idées nous manquent. Ces préceptes font en petit nombre, mais ils font féconds, &
renferment dans leur profondeur toute l'analyfe de l'efprit humain,
tout ce qu'il y a de lumiére dans la logique & la méthaphifique.

Jufqu'à Galilée les hommes ne virent que les dehors & la fuperficie de la nature ; mais ils ignorèrent toujours fes forces, fes moyens,
fes deffeins, fes vues, en un mot, l'efprit de fes opérations. Le mouvement eft la caufe immédiate de tous les phénomènes ; ainfi faire connoître les loix du mouvement, c'eft donner l'explication méchanique
de ces phénomènes, fans avoir recours aux caufes finales qui furent &
qui feront toujours l'azile obfcur de l'ignorance. On ne peut s'empêcher de faire ici à la gloire de l'Italie, une réflexion que bien d'autres
peuvent avoir faite, mais que perfonne n'a écrite : c'eft qu'à l'exception du feul Galilée, tous les grands génies modernes qui ont con-
tribués à la création des fciences exactes ont été mis fur la voye par
leurs prédéceffeurs, de manière qu'on peut appercevoir l'enchaînement
des découvertes, & la filiation des idées : Copernic puifa les fiennes

dans les opinions des anciens ; Képler dans celle de Copernic ; Newton dans celles de Képler d'Hughens de Galilée pour le fyſtème du
monde ; de Cavalieri de Toricelli & de Barrow pour le calcul infinitéſimal :
enfin Montefquieu, dans celle de Grotius de Puffendorf & fur tout du grand
Machiavel : en effet les François les plus zèlés pour la gloire nationale peu-
vent-ils méconnoître dans les grands coups de pinceau dont ce dernier
crayonna la République Romaine, le germe de l'ouvrage de Montefquieu fur
la grandeur & la décadence des Romains. Le feul Galilée fans être averti par
les conjectures des autres, pas même par le moindre foupçon, fans être guidé
par aucune trace , par aucune tentative précédente , s'élevant fur les
ailes de fon propre génie , créa la fcience méchanique de la nature par
la découverte du mouvement accéléré & retardé des corps graves ;
voilà ce qui caractérife un génie du premier ordre ; cependant on voit
des géomètres plus enthoufiafmés de la nouveauté d'une erreur que du
merveilleux d'une grande vérité, ofer lui comparer Defcartes, s'étendre avec complaifance fur les erreurs brillantes de celui-ci, prôner le
très petit nombre de vérités qui s'y trouvent mêlées, & par un orgueil jaloux , traiter de découverte ifolée la théorie de l'accélération
fans laquelle cependant Newton lui-même n'auroit pû s'élever à la loi
générale de l'attraction : mais fuivons quelques moments la marche de
ce grand génie.

Galilée fe fit une méthode nouvelle auffi oppofée à celle qui avoit
égaré les anciens, qu'à celle qui devoit égarer Defcartes : il fut interroger la nature, pénétrer les myſtères de fa géométrie , en tirer la
folution de ces grands problèmes auxquels Archimède lui-même ne
put atteindre ; enfin il parvint à découvrir que la force accélératrice
des graves , dans les diſtances fur lefquelles il faifoit fes expériences ,
étoit conſtante & invariable , qu'elle devoit augmenter uniformément ,
& dans la proportion des temps la viteffe d'un corps abandonné à fa
pefanteur. Galilée partant de cette grande obfervation , prit l'effort le

G 3

plus hardi, le plus heureux, & trouva ce que les anciens & les modernes n'avoient pas même eu l'idée de chercher ; *l'application de la géométrie à la phifique , c'eft - à - dire l'art de repréfenter par des lignes , les vitejfes & les temps qui ne font pas des lignes* : ainfi en prenant un côté d'un triangle pour le temps dans lequel un corps parcourt un efpace donné, les ordonnées du même triangle repréfenteront les vitejfes , parce qu'elles croitront précifément comme les lignes qui expriment les temps. Si donc, l'on décrit fur la moitié de la bafe de ce triangle un paralléllogramme de même hauteur, le parallélograme fera égal au triangle ; & puifque le triangle repréfente l'efpace parcouru d'un mouvement accéléré & le paralléllogramme l'efpace parcouru dans le même temps d'un mouvement uniforme avec la moitié de la vitejfe finale, on aura le théorème fondamental qu'un efpace quelconque décrit d'un mouvement uniformement accéléré , eft égal à celui qui feroit décrit dans le même temps d'un mouvement uniforme avec la moitié de la vitejfe finale : par conféquent , deux efpaces parcourus d'un mouvement uniformément accéléré , feront les mèmes que ceux qui feroient décrits dans les mèmes temps d'un mouvement uniforme avec les moitiés des vitejfes finales. Cependant par la nature du mouvement uniforme, ces efpace devroient être en raifon compofées des vitejfes & des temps : mais dans le cas en queftion , c'eft - à - dire dans les diftances du centre de la terre où nous pouvons faire des expériences fur la chute des corps , les vitejfes finales font proportionnés aux temps : donc les efpaces feront comme les quarrés des temps , & il fuivront dans les temps fuccejfifs , la progrejfion des nombres impairs , 1, 3, 5, 7, &c. voilà la loi de l'accélération des graves trouvée ; voilà la nature à découvert ; cette nature qui ne fe laijfe pas prendre d'affaut , mais qui fe laijfe approcher lorfque pour s'élever jufqu'à elle on fait employer l'échelle des principes ; voilà les moyens combinés avec fes vues , l'unique clef de fes fecrets. Cette théorie lumineufe, fut fi féconde dans les mains de fon inventeur, qu'il en déduifit les loix du mouvement des graves fur les plans inclinés , la proportion entre la longueur des pendules & la durée de leurs ofcillations ; enfin, il en tira une fcience toute nouvelle, c'eft la théorie & la pratique de la Baliftique perfectionnée bientôt après par Toricelli : mais Galilée avoit démontré le premier que la courbe des projectiles eft une parabole.

Le mouvement de la terre, chez les anciens fectateurs de Pytagore, étoit une opinion auffi précaire que la non-exiftence des corps ; & l'impoffibilité du mouvement dans la nature, foutenues par Zénon : mais la fagacité de Copernic trouva dans cette opinion une hypothèfe philofophique dont la probabilité fe fondoit en partie fur les abfurdités du fyftème de Ptolomée, en partie & plus folidement fur les faits principaux de la phifique célefte. Galilée en donna le premier la démonftration victoriufe, en faifant voir qu'elle s'accordoit parfaitement avec des obfervations céleftes plus fubtiles & dont Copernic n'avoit pû même avoir l'idée, puifque Galilée ne les dut qu'à deux inftruments nouveaux, le pendule & le télefcope ; à la vérité les vibrations du pendule dans un cercle vertical, lui avoient d'abord paru ifochrones dans les petits & dans les grands arcs ; ce qui ne s'eft trouvé vrai que dans la Cycloïde , ainfi que le célèbre Hughens l'a démontré depuis avec ces deux inftruments. Galilée rapprocha pour ainfi dire le ciel de la terre, & nous mit en état d'en découvrir & d'en mefurer les mouvements les plus imperceptibles, il fut auffi détruire les deux plus fortes objections qu'on eût faites contre le fyftême de Copernic, déduites l'une des phafes de Vénus qui devoient avoir lieu dans ce fyftême & que l'on n'appercevoit pas à l'œil nud ; l'autre des différences des diamètres de Vénus & de Mars dans leurs diverfes diftances : différences que l'œil nud n'avoit guère mieux apperçues , ou du moins qui ne lui avoient paru auffi grandes que l'exigeoit la grande variation des diftances de ces deux planettes à la terre. Galilée

à l'aide du télefcope démontra aux yeux de tous , & ces phafes &
ces différences des diamètres apparents , parfaitement correfpondantes
au fyftème de Copernic ; & changea ainfi ces objections en des preuves convaincantes. Enfin , il expliqua d'une manière plus exacte & plus
élégante , tous les autres phénomènes après les avoir mieux obfervés.

Le génie de ce grand homme brille dans l'ufage favant qu'il fit
du télefcope ; cet inftrument avoit été trouvé en Hollande, mais
on n'en avoit tiré aucun parti. Galilée l'appliquant à l'obfervation
des aftres, fit une révolution dans la phifique célefte : il ouvrit une
vafte carriére aux aftronomes futurs pour fpéculer dans la conftitution
de l'univers ; il traça la figure de la lune, & la carte géographique
de fon difque : il expliqua le phénomène de la libration d'une manière
philofophique autant qu'on le pouvoit alors : il découvrit les taches
folaires, & démontra géométriquement qu'elles étoient voifines du
corps du foleil ; il fixa la période de la révolution du foleil autour
de fon axe, & la pofition de cet axe ; il prouva rigoureufement que
les planettes étoient opaques, & que les étoiles fixes étoient lumineufes par elles-mêmes ; il détermina plufieurs éléments d'aftronomie
jufqu'alors inconnus, ou mal vérifiés. Enfin il découvrit les aftres de
Médicis, qui, comme il le dit agréablement, font une forte de cor-
tége à Jupiter dans fa révolution autour du foleil. Mais une idée plus
grande, plus intéreffante, qui caractérife le génie créateur, & affure
à Galilée l'immortalité, ce fut celle de faire ufage des éclipfes fréquentes de ces fatellites pour la folution du problème fameux des
longitudes ; folution fi néceffaire aux grands progrès de la navigation
& de la géographie. En effet la trop grande rareté des eclipfes lunaires
rend ces éclipfes tout-à-fait inutiles pour la navigation, au lieu que
les immerfions & émerfions journalieres des fatellites de Jupiter, &
leurs paffages fréquents devant le corps de cette planette fourniffent

tous

tous les jours un moyen facile de trouver fur la carte le vrai lieu du vaiffeau.

Archimède dans fon traité *de Æquiponderantibus* a démontré le principe de l'équilibre du levier; mais depuis Archimède, l'efprit humain étoit refté dans l'enfance, & il n'avoit fait aucun progrès dans la ftatique, je veux dire, aucune application de cette fcience aux arts mécaniques. Galilée non content d'avoir créé la dynamique par fa théorie du mouvement accéléré, fonge encore a rendre utile la ftatique par fes expériences raifonnées fur la réfiftance des bois : il trouva dans ceux-ci un levier que perfonne n'avoit foupçonné, & dans lequel le poids même de la poutre confidéré comme réuni dans fon centre de gravité, faifoit les fonctions de la puiffance; & la cohéfion des fibres qui devoient fe féparer en fe caffant, faifoit les fonctions de la réfiftance fuppofée pareillement réunie au centre de gravité de la bafe fixée dans la muraille : en appliquant à ces leviers les principes d'Archimède, Galilée affigna les proportions des réfiftances des poutres rélativement aux dimenfions de leur bafe & à leur longueur; & par la comparaifon des réfiftances des folides femblables, les uns pleins & les autres vuides en dedans, il pénétra l'économie de la nature, & devina pour ainfi dire le but qu'elle fe propofe en limitant, en fixant les dimenfions des membres des animaux, & rendant plus vuides les os les plus grands. Enfin comme Galilée avoit toujours en vue dans fes méditations, les avantages de la fociété, il découvrit une autre proprieté de la parabole tout aulli importante que celle qui regarde la Baliftique, c'eft *qu'une poutre courbée en forme parabolique quoique d'un tiers moins pefante qu'une autre poutre de forme prifmatique, eft cependant capable de la même réfiftance dans toutes fes fections, c'eft-à-dire, aufli bonne & aufli utile que la prifmatique dans les bâtiments.*

Je ne dirai rien de fon compas de proportion, de fa balance

H

hydroſtatique, ni des autres découvertes ſécondaires qui caractériſent plutôt l'activité, la fecondité de ſon eſprit, qu'elles n'en annoncent la force & l'élévation. Je ne dirai rien non plus de cet amour du bien public, qui l'inſpira, ſoit dans ſes recherches, ſoit dans ſes écrits; vrai caractère d'un philoſophe citoyen: ce que nous avons dit de Galilée, de ſes grandes découvertes, de ſes travaux utiles, ſuffit pour qu'on doive le regarder comme un génie extraordinaire, né pour deſabuſer les hommes de ce vain jargon de la ſcholaſtique qui a trop longtemps dégradé la raiſon, obſcurci la religion & affligé l'humanité. Hélas! la ſenſibilité de mon cœur m'arrache une triſte vérité: on voit avec horreur ce grand homme perſécuté par l'ignorance & la ſuperſtition, cité à un tribunal de ſang, accuſé, mis aux fers, enfin menacé du ſort le plus terrible, n'ayant d'autre crime que d'avoir travaillé toute ſa vie à découvrir des vérités nouvelles, & à les rendre utiles au genre humain: je me trompe, il en avoit un qu'on ne pardonne guere; ſa ſupériorité. O vous miniſtres d'une religion de vérité, de lumiére & de charité; vous en qui tous les mortels devroient trouver autant de pères tendres; toutes les belles entrepriſes, autant de protecteurs éclairés; juſqu'à quand ſerez vous les ennemis déclarés ou ſecrets des grands hommes, les perſécuteurs du génie, & le fléau des ſciences?

Tout eſt lié dans le ſyſtème intellectuel; toute grande vérité tient à d'autres grandes vérités. Le théorème important de l'accélération des graves une fois établi, Hughens le rival d'Archimède dans l'uſage de la ſynthèſe iſolée de tout phénomène, non ſeulement trouva un grand nombre de théorèmes abſtraits, mais enrichit la phiſique de quelques vérités également neuves & fécondes. Il partit de la découverte même de Galilée, & par les analogies qu'il en tira, il découvrit le grand théorème de l'iſochroniſme de la Cycloïde: puis s'enfonçant dans la plus profonde géométrie il arriva à la théorie

des développées. De là cette élégante & belle découverte que la Cycloïde en fe développant s'engendre elle-même : de là le moyen d'ob-
tenir l'ifochronifme en fufpendant le pendule entre deux arcs fémi-
cycloidaux : heureufe invention , qui, en perfectionnant l'horloge
ofcillatoire , affure de nouveaux progrès à l'aftronomie , à la navigation & à plufieurs autres branches de la phifique. Galilée déduifit
de fes principes fur la chute des graves que les temps des vibrations
de deux pendules fimples étoient en raifon fous-doublée de leur longueur ; mais ce n'étoit encore que des pendules imaginaires, des inftruments théoriques , & par conféquent d'une très-petite utilité dans
ce monde : Hughens eut affez de fagacité pour les réalifer ; pour donner une exiftence phyfique à ces pendules que Galilée avoit conçus.
On voit bien que je parle de la théorie du centre d'ofcillation, laquelle détermine la jufte longueur du pendule fimple ifochrone au
pendule compofé dont on doit fe fervir. Voila un moyen trouvé pour
comparer la force de gravité en différents pays ; & cette comparaifon
fert à déterminer la vraie figure de la terre : ainfi Newton a l'obligation à Hughens, d'avoir pu la démontrer mathématiquement, démonftration étonnante & qui fuppofe les efforts réunis de trois philofophes du premier ordre. De là réfulte cette vérité métaphifique tou-
chant la création & le développement des connoiffances humaines,
que quoique toutes les vérités d'une certaine fubtilité, ou d'une certaine profondeur, forment lorfqu'on fait les joindre , autant d'anneaux
dans la grande chaîne, cependant les rapports, les points de réunion
de deux vérités de ce genre faites pour former deux anneaux conti-
gus, font quelquefois fi imperceptibles, que trouver ces rapports
eft une vraie création. Et ceci doit faire l'apologie de quelques génies
du premier ordre, qui, à la vérité, n'ont point ajouté d'anneaux à
cette chaîne, mais qui ont fçu rejoindre & mettre à leur place les
anneaux qu'ils ont trouvés épars.

H 2

Les treize théorêmes d'Hughens fur la force centrifuge, font au-tant de vérités originales d'une théorie très importante dans la méchanique, & dont quelques-unes ont fervi à Newton d'idées intermédiaires, pour s'élever au vrai fyftême du monde, tel eft le cinquieme théorème ou l'on démontre „ qu'un corps qui fe meut „ dans un cercle avec une viteffe égale à celle qu'il acquéreroit en „ tombant d'une hauteur égale au quart du diamètre, fera doué d'une „ force centrifuge égale à la gravité, c'eft-à-dire tirera le fil avec une „ force égale à celle qui pouffe les graves vers le centre. " De plus Hughens fit une application très heureufe des loix de la réfraction, trouvées par Snellius, & démontrées par Newton, à la théorie des lunettes d'approche, & il fit cette application avec une telle fagacité, qu'il laiffa très peu à faire pour la porter à fa perfection.

Nous devons encore à Hughens une découverte mémorable dans la phifique célefte; celle de l'anneau de Saturne, ignoré jufqu'à lui de tous les aftronomes, & mal connu de Galilée lui-même: ce grand obfervateur l'avoit bien apperçu, mais ne l'ayant jamais vû que fous cet afpect o◯o il crut feulement avoir découvert deux efpèces d'écuyers au vieux Saturne, qui l'aidoient à marcher, pour me fervir de fon expreffion; & il ne reconnut pas que c'étoit une des apparences de cet anneau dont l'exiftence a été démontrée par Hughens. Celui-ci en déterminant la diftance de l'anneau à Saturne, fa grandeur, fa fituation rélativement à nous, trouva l'explication de fes divers afpects, & nous mit en état de les annoncer, de les prédire, & d'en dreffer d'avance des tables exactes. Enfin, Hughens créa une fcience nouvelle d'un grand ufage dans la fociété; celle des probabilités de la dûrée de la vie humaine: & l'Europe vit avec étonnement les calculs du cabinet influer fur les opérations de la vie civile.

Il eft bien humiliant pour les anciens, & non moins facheux

pour leur zèlés admirateurs, qu'on puisse leur faire le reproche fondé, de n'avoir jamais songé à étudier la nature de l'air, de cet elément actif, par lequel l'homme vit & respire, qu'ils respiroient eux-mèmes, dont ils étoient environnés, pénétrés, & dont nous avons le plus grand intérèt de connoître l'action, puisque cette action s'exerce sur nous continuellement & en mille manières. Dans toute la science sastueuse des anciens, on ne trouve pas une seule expérience raisonnée sur la pesanteur de l'air dont ils expliquoient les effets par un jargon inintelligible, tel que l'horreur de la nature pour le vuide & autres semblables inepties. Faute d'avoir connu la vraie méthode, tous leurs efforts se bornoient à ajouter des erreurs aux erreurs, à détruire des absurdités par d'autres absurdités, en un mot, à parcourir au hazard la mer orageuse des opinions, sans jamais s'approcher du port tranquille & sûr de la vérité. Le grand Galilée lui - mème, trop familiarisé avec ce langage barbare, daigna s'en servir pour satisfaire à la question du Jardinier qui lui demandoit pourquoi l'eau ne montoit pas à plus de trente-deux pieds dans une pompe aspirante. Le génie de Toricelli électrifé par ce fait, & par les vues qu'il avoit fait naître à Galilée, découvrit la pesanteur de l'air, qui pouvoit seule expliquer le phénomène de la pompe aspirante & une infinité d'autres. Pour se confirmer dans son idée, ou plutôt pour vaincre l'obstination des Péripatéticiens, qui étoient les seuls beaux esprits de ces siècles d'ignorance, il remplit de vif argent un tube de verre fermé par le haut, & il le plongea verticalement dans un vase plein d'eau, & eut la satisfaction de voir, comme il l'avoit prévû & prédit, que le tube ne se vuidoit pas, mais que le vif argent y restoit suspendu à une hauteur quatorze fois moindre que celle ou l'eau monte dans une pompe; cette différence de hauteur étant compensée par celle de la gravité spécifique du vif argent qui est précisément quatorze fois plus grande que celle de l'eau. C'est donc à l'Italie qu'est dûe la science

H 3

de l'aréométrie; la phifique lui doit un de fes plus précieux inftruments, c'eft-à-dire, le baromètre; & tous les philofophes de l'Europe
ont l'obligation à Toricelli de leur avoir ouvert une nouvelle carrière
de découvertes. De là les expériences de Pafcal; la machine pneuma-
tique de Boile & plus indirectement, le Thermomètre.

Un des coups de génie qui fait le plus d'honneur à l'efprit humain chez les modernes, c'eft l'application que Defcartes a fait le premier de l'algèbre à la géométrie : très belle invention, quoiqu'inférieure à l'application qu'avoit fait Galilée de la géométrie à la nature :
très-belle invention, dis-je, art fublime, à l'aide duquel toute vérité
géométrique étant exprimée en chifres, & ces chifres étant maniés
fuivant les régles qui leur font propres, nous pénétrons infailliblement toutes les conféquences générales & particulieres de cette vérité.
Combien Euclide, Apolonius, & Pappus d'Alexandrie fe feroient-ils
fentis humiliés au milieu de leur fuccès les plus brillants, s'ils
avoient pû voir un de leur plus fameux problèmes, qui mit leur efprit
à la torture pour en réfoudre feulement les cas les plus fimples, &
au fujet duquel Pappus infultoit à Apollonius, & Apollonius à Euclide,
chacun pour avoir fait quelques pas au delà de fon rival ; s'ils euf-
fent vû dis-je, ce problème réfolu dans toute fon étendue dès les
premiers pas de Defcartes dans la nouvelle carrière, & regardé de
nos jours comme un jeu même par les commençants. Quelle admiration Apollonius n'auroit-il pas pour Defcartes, s'il voyoit tout ce
pompeux étalage de géométrie profonde qu'on employoit de fon temps
pour démontrer les propriétés des fections coniques, rendu inutile
aujourd'hui par l'équation fuivante qui les comprend toutes, &
beaucoup d'autres qui avoient échapé à leur laborieufe fynthèfe.
$ay^2 + bxy + cx^2 + dx + cy + f^2 = o$? Cette découverte
ne mériteroit-elle pas à plus jufte titre que le théorème de Pitagore,
les honneurs de l'hécatombe ? ou plutôt le facrifice beaucoup plus

fenfé de tous les livres inutiles de l'univers ? Que diroient ces anciens qui trouvèrent la duplication du cube au moyen de l'interfection de deux paraboles, & qui regardèrent cette découverte comme
ifolée & reftrainte à ce problème; s'ils voyoient réfoudre par ce même moyen, tous les problèmes nommés folides, c'eft-à-dire, tous
ceux qui ne paffent point le troifieme degré? Les deux plus fameux
de ces problèmes étoient de leur temps, la trifection de l'angle &
cette duplication du cube dont je viens de parler; ils en cherchèrent
en vain la folution par l'interfection des lignes droites & des cercles; n'étant pas encore au point de pouvoir fe démontrer à eux-
mèmes que la folution en étoit impoffible par cette voye.

Cette application de l'algèbre à la géométrie eft l'unique gloire
de Defcartes dans les fciences phifico-mathématiques : c'eft la feule
grande découverte qui juftifie les éloges prodigués à ce philofophe,
& qui cependant y avoit moins de part que fes erreurs: voilà le feul
titre fur lequel fe fonde cette partialité nationale, d'après laquelle le
bel efprit Fontenelle ofa mettre Defcartes en paralèlle avec Newton.
Voilà pourquoi un auteur qui réunit la profondeur du calcul à la
belle littérature, emporté par cette mème prévention nationale, affura
au confpect de toute l'Europe que, „ les tourbillons devenus aujour-
„ d'hui ridicules, étoient ce qu'on pouvoit inventer de mieux alors :
„ que Defcartes forcé de créer une nouvelle phifique, ne pouvoit en
„ créer une meilleure ; & qu'il avoit fallut paffer par les tourbillons,
„ pour arriver à la vraie théorie du monde. " Comme fi l'erreur
pouvoit fervir de degré pour s'élever à la vérité; comme fi Defcartes
étant venu après Képler & Galilée, n'avoit pas eu fous la main auffi-
bien que Newton, les vrais éléments de la théorie de l'univers, &
comme s'il lui eut marqué autre chofe, que le grand art de les mettre
en œuvre. Oui; Defcartes fut un grand géomètre, mais non pas un

grand philofophe (*a*) : fon fyftème du monde eft un délire : il s'égara dans la dynamique, dans l'optique, & bien plus encore, dans fa métaphifique, laquelle admettant le fentiment d'évidence interne, conduit au fanatifme philofophique. Mais pour apprécier au jufte fa gloire, en la féparant de tout ce qui lui eft étranger, en écartant l'éloquence des panégiriftes, les préjugés des nations, & jufqu'à leur rivalité politique, qui n'a que trop d'influence fur la philofophie ; traçons fimplement l'hiftoire du mal qu'a fait Defcartes à fa propre nation dont il a retardé les progrès par la tirannie de fes erreurs.

Les François furent d'autant plus aifément & plus fortement fubjugués par les opinions romanefques de leur philofophe, que cette nation gaye, fpirituelle & brillante, a plus de penchant pour les plaifirs de l'imagination : jaloux, pour ainfi dire, de leurs erreurs ils voulurent en être poffeffeurs paifibles, & repouffèrent pendant quarante ans, les mêmes vérités que les Anglois faifirent avidemment [& idolâtrement dès qu'elles parurent. Tant il eft vrai que l'efprit du gouvernement s'étend jufques fur les opinions. Maupertuis le premier eut le courage de fe déclarer Newtonien : une foule d'adverfaires s'éleva contre lui, fe fondant fur des opérations peu exactes faites en France : & ce fut pour impofer filence à fes ennemis du vrai que deux troupes de mathématiciens entreprirent d'aller vérifier à grands frais, l'une au cercle Polaire, & l'autre à l'Equateur, ce que [Newton avoit découvert fans fortir de fon cabinet. Le réfultat de ces deux opérations célèbres confirma la théorie Newtonienne ; mais on n'en eut pas plus de refpect pour Newton & pour la vérité. Clairaut & d'Alembert ne fachant pas combiner leurs calculs avec le mouvement de l'apogée de la lune, crurent

_____

(*a*) L'éloge que Monfieur Thomas a fait de Defcartes, ne prouve autre chofe, felon moi ; finon que le Panégyrifte eft beaucoup plus philofophe que fon héros.

crurent avoir démontré fauffe la loi primordiale de l'attraction , & firent imprimer leurs mémoires avec un air de triomphe. Enfin , ils
s'apperçurent que l'erreur étoit dans le calcul & rendirent hommage au
génie du philofophe Anglois, lorfqu'ils eurent appris d'un génie fublime de leur nation , le comte de Buffon , que *la fimplicité fait l'effence
d'une loi primordiale de la nature* : ce furent donc deux mathématiciens
célèbres qui donnèrent à l'Europe le fpectacle humiliant des erreurs ,
dans lefquelles les calculs tranfcendants & la géométrie fublime, peuvent entrainer les plus habiles, lorfqu'ils ne font point guidés par cet
efprit philofophique qui eft la feule vraie lumiére des fciences. Ce fut
par cet efprit philofophique que Newton réuffit à généralifer fi heureufement fes grandes idées : ce fut ce même efprit, qui dans l'inter-
prétation de la nature , éleva Buffon à des vérités importantes & lumineufes ; il créa pour ainfi dire l'hiftoire naturelle & en fit une
fcience toute nouvelle ; ou plutôt il l'éleva au rang des plus hautes
fciences, en l'embraffant dans toute fon étendue , en égalant la hauteur & la beauté de fon fujet par le charme & la majefté de ftile
qui lui font propres, en répandant de la lumiére & de l'intérêt fur
chacune de fes parties , & fur-tout en communiquant à fa nation, à
fon fiècle le noble enthoufiafme dont il étoit animé. Il démontra le
premier que la géométrie de la nature diffère de la nôtre autant que
les trois dimenfions différent de la ligne ; & de là , il tira l'idée fondamentale & originale d'où nait celle de l'organifation & de la réproduction des êtres. Il eft le premier qui ait réduit à l'unité tous
les phénomènes de la répulfion , laquelle n'étant autre chofe que la loi
de l'attraction agiffant en fens contraire, en dépend & la confirme. Il
a fçu le premier réconcilier , pour ainfi dire, le ciel avec la terre ,
en liant les affinités chymiques avec la loi unique & générale du fyftème du monde ; il analyfa la nature, c'eft-à-dire, la caufe active
& conftante de tous les phénomènes , fous des points de vue géné-

I

raux qui feront l'admiration & les délices de la poftérité. En effet ,
les anciens fans en excepter Pline (*a*) & Lucrece , ne peuvent rien
oppofer de fupérieur à l'éloquence pitorefque & fublime qui brille dans
fes deux vues de la nature , & qui , comme l'a dit le grand Ganga-
nelli , ce Pape philofophe , étonne & tranfporte. Il a fçu le premier tirer parti de ce fingulier phénomène obfervé par Mairan , favoir , que
le foleil n'eft pas le père de la nature , ni l'unique agent qui l'anime
& la féconde , mais qu'il partage cette belle fonction avec la chaleur
propre de la terre ; & il s'en fervit pour appuyer fes conjectures fi
neuves , & en même temps fi vraifemblables , fur l'état de liquéfation
& de fufion où a été la terre , fur fa fécondité préfente duë à fa chaleur diminuée , & fur la ftérilité abfolue qui accompagnera fon entier réfroidiffement : enfin il a expliqué plufieurs phénomènes de phifique & d'hiftoire naturelle que jufque là , on avoit crus ifolés ,
& qui fembloient échapper à toutes les théories , contredire les loix
les plus communes de la phifique. Envain voudroit - on rejetter fes

(*a*) Pline fut un grand philofophe & un grand écrivain , il fçut peindre la
nature que tant d'autres fe contentent de décrire : que fon pinceau eft fier &
terrible , lorfqu'il deffine à grands traits le combat des éléments & les grands
points de vue de l'Univers ! Que fa touche eft gracieufe & que fon coloris eft frais
lorfqu'il s'amufe à crayonner les fleurs, les oifeaux, les infectes , & tous ces
êtres légers & brillants que la nature femble avoir produit dans fa gaité ! (*) Mais
il faut avouer que fa manière eft plus morale que phifique , que fes expreffions
font plus pitorefques que précifes , fes idées plus hardies que lumineufes , fes
vues plus vaftes que philofophiques , que s'il s'élève très - fouvent au fublime ,
le merveilleux l'égare quelquefois : enfin que s'il a dans un haut degré , cette
fagacité qui faifit des rapports fugitifs & imprévus , entre des objets difparates ,
il a rarement ce coup d'œil du génie qui embraffe les rapports généraux d'où
dépendent l'ordre des chofes & les loix de la nature.

(*) *Lafcivienti rerum naturæ , & in magno gaudio fertilitatis tum variè ludenti.* L. 2¹. c. 1.

grandes vues, fous prétexte que la plûpart font liées avec des opinions : les opinions ne tiennent pas moins aux progrès de l'efprit humain qu'à fes écarts : & fi l'on doit méprifer celles qui ne font qu'une nouvelle combinaifon de mots, & qui ne répandent aucune lumiére, ni fur les faits de la nature, ni fur les idées des hommes, il faut bien fe garder de rejetter celles qui, quoique nouvelles & hardies, font fondées fur l'obfervation, généralifent plufieurs grands faits regardés comme folitaires, leur affignent une caufe commune & les expliquent d'une manière plus probable qu'aucune autre hypothèfe. Il faut encore moins profcrire les opinions en général ; car il eft peu de vérités qui n'aient paffé par l'état d'opinion ; état qui eft peut être à la vérité, ce que celui de larve eft aux infectes. Il eft donc néceffaire de cultiver le champ de l'opinion, fi l'on veut fe préparer une récolte de vérités nouvelles. Le grand point eft de favoir apprécier les hypothèfes que l'on voit naitre, en tirer l'horofcope, en preffentir l'influence, annoncer la durée de leur régne & fur-tout avancer l'époque de leur paffage à l'état de certitude. Si l'on vouloit ne s'occuper que des vérités démontrées, il eft évident que l'on pourroit conferver le dépôt des connoiffances acquifes, mais que l'on ne pourroit en acquérir de nouvelles. D'un autre côté, l'homme amoureux du merveilleux, foit par un inftinct de grandeur, foit parce qu'il eft malheureufement plus acceffible à l'erreur qu'à la vérité, affocie aux productions de fon efprit le doux fentiment de la vanité toujours mère du paradoxe, & fouvent fille de l'ignorance. Or quels ont été dans notre fiècle, les paradoxes les plus choquans pour la raifon, & les plus contraires à la fociété ; quels ont été les idées chimériques ou les vaines opinions qui ont fait briller un inftant leurs auteurs, pour les laiffer tomber enfuite dans l'oubli ? n'avons nous pas droit de les regarder plutôt comme des proneurs de leur amour propre, que comme les bienfaiteurs du genre humain ?

I 2

La proprieté, difent - ils, eft un droit barbare, deftructeur de l'é-galité des conditions, & par conféquent de toute profpérité. La peine de mort eft un motif moins réprimant qu'une peine corporelle conti-nue, & le droit de l'infliger eft un droit tyrannique; la fociété a vicié, dépravé le genre humain; la culture des lettres a été la fource de nos vices : enfin le plus nouveau de ces paradoxes, & en même temps le plus atroce, quoique directement oppofé à la plupart des autres, c'eft l'abominable apologie du defpotifme : il eft auffi inique de détruire les hommes par l'établiffement du defpotifme, qu'il eft chimérique de les flatter par la parfaite égalité dans les conditions : l'apologie de cette égalité peut venir de l'enthoufiafme d'une belle ame; au lieu que l'a-pologie du defpotifme ne peut avoir pour principe que le fentiment cruel d'un cœur inhumain, ou la politique mercenaire d'un flatteur digne d'en être la premiere victime. Ainfi ramener l'anarchie par la deftruction du droit facré de propriété; méconnoître dans le corps fo-cial le droit de confervation qu'on ne peut difputer au dernier de fes membres; calomnier la fociété en lui imputant des vices inhérents à la nature humaine, & en diffimulant les avantages immenfes qu'elle nous procure; donner à la fuperftition toujours ennemie des lumiéres une arme, ou plutôt un faux prétexte contre les lettres, en les préfen-tant comme une caufe de corruption; enfin, proftituer fcandaleufement la philofophie en la rendant le fuppôt de la tyrannie; ce font là les nuages jettés par quelques novateurs fur notre fiècle, qui fans eux brilleroit de l'éclat le plus pur; fiècle qui a répandu la lumiére dans tous les ordres de la fociété; fiècle qui a défarmé la fuperftition par la force de la vérité; fiècle qui a couvert d'un ridicule inéffaçable les difputes théologiques également abfurdes & cruelles; fiècle en-fin dont le triomphe eft d'avoir rétabli la raifon dans la plupart de fes droits, en infpirant aux princes & aux peuples le doux fentiment d'une tolérance univerfelle & bien digne d'une religion, qui ayant

pour but principal la perfection & le bonheur du genre humain,
décèle fon origine célefte. Or ces opinions paradoxales dont j'ai parlé
plus haut, étant toute fondées fur l'erreur, ne doivent pas être con-
fondues avec ces autres opinions qui étant fondées fur les loix de la
nature, ou du moins n'ayant rien de contraire à ces loix, doivent
être régardées comme des *vérités dans l'état d'enfance*, lefquelles peuvent paffer, par des obfervations & des analogies ultérieures, de l'é-
tat de doute à celui de certitude. On peut donc bien mériter de l'humanité & contribuer aux progrès de l'efprit humain, en ajoutant à
la maffe des opinions reçues une nouvelle opinion de ce genre. Telle
eft, par exemple, l'exiftence d'un peuple primitif qui a cultivé les fciences & les lettres dans le nord de l'Afie, & qui les a tranfmifes aux
peuples du midi, ayant joui le premier, par le réfroidiffement fucceffif de la terre, du jufte degré de température néceffaire au premier
développement de l'efprit, à la naiffance des arts, & à la création
des fciences : car il faut un certain degré de chaleur pour mettre en
activité les refforts de l'homme, pour développer fes facultés, pour
féconder fon entendement ; d'où il fuit que dans l'état actuel du globe,
les *conniffances indigènes, originales, & primitives, doivent appartenir*
aux nations du midi exclufivement à celles du nord. Un Sicilien allant à
Pétersbourg y trouvera affurément les théorèmes d'Archimède, mais
n'aura-t-il pas droit d'en conclure que ces connoiffances font du midi
& ont été tranfplantées au nord ? de plus, à Philadelphie il y a pref.
que la moitié des connoiffances européennes. Suppofons une révolution
dans le globe qui interrompe toute communication entre l'Europe &
l'Amérique ; un favant Chinois arrive à Philadelphie, il fe trompe infailliblement, en affirmant que les connoiffances y font indigènes &
non pas tranfplantées. Enfin, il eft auffi étrange & auffi incroyable
de trouver au nord des connoiffances primitives, que d'y trouver toutes les femmes fécondes à l'âge de dix ans : tant il eft vrai que l'opi-

I 3

nion de l'exiftence d'un peuple primitif, tient néceffairement à l'opinion du réfroidiffement fucceffif de la terre. Car il eft démontré que
le refferrement trop fort des fibres caufé par le froid exceffif produit
l'engourdiffement des organes; ce qui s'oppofe bien plus à la naiffance des arts, enfants d'une imagination molle, fenfible & capable d'è-
tre exaltée, qu'à toutes les opérations de l'efprit : d'ailleurs, comme
la terre eft tout - à - fait ftérile dans ces climats, & que les hommes y
ont beaucoup de befoins, le foin de leur propre confervation abforbe
prefque tout leur temps ; & comme les animaux, ils ne font guères
occupés que des moyens de fe procurer la fubfiftance. Enfin, l'hiftoire
qui eft un raifonnement expérimental, vient à l'appui de toutes mes
réflexions ; n'eft - il pas évident que nous devons toutes nos connoiffances primitives aux Indiens, aux Egyptiens, aux Arabes, aux Grecs,
aux Italiens &c. au refte, l'exiftence de ce premier peuple dans la haute
Afie, a été déduite des débris & des monuments de l'ancienne aftronomie, par Mr. Bailly philofophe auffi éloquent que profond ; & cette
opinion ajoute un nouveau degré de probabilité à une des plus grandes
époques dans les faftes de l'Univers. Mais foit que l'on pèfe les opinions, foit que l'on confidère les grandes vues philofophiques, Defcartes, il
faut l'avouer, eft bien au deffous de Buffon ; il eft même fort inférieur à Cavalieri en mathématiques : il rendit, je le répète, un très grand fervice aux
fciences, par l'application de l'algèbre à la géométrie qui perfectionna l'application de la géométrie à la nature ; mais enfin la combinaifon de deux
fciences déja connues n'annonce pas un génie créateur auffi furement que
la création effective d'une théorie neuve & fublime, telle que celle des indivifibles par Cavalieri. Effort étonnant de l'efprit humain! fcience vraiment
neuve ! puifqu'elle contient les principes du calcul infinitéfimal : fcience que Toricelli étendit auffitôt qu'elle fut trouvée, en l'appliquant à
la quadrature de la Cycloïde, à la mefure du folide produit par la révolution de la fpirale, & enfuite à la mefure du folide hyperbolique ;

théorème original & qui tient du paradoxe, puisqu'on y voit un folide de figure finie engendré par la révolution d'une figure de grandeur infinie ; théorème qui préfente une nouvelle manière de faire ufage des indivifibles, en confidérant les folides fous un nouvel afpect, c'eft-à-dire, comme étant la fomme d'un nombre infini de furfaces concentriques, appliquées les unes fur les autres, ainfi que des feuillets. Toricelli affure qu'il en avoit auffi déduit une méthode générale, de mener les tangentes, de trouver les centres de gravité, de mefurer les aires de plufieurs courbes & les folides formés par leur révolution : tous problèmes qui ne peuvent fe réfoudre fans le calcul différentiel ; ce qui prouve bien que les Roberval, les Wallis, les Hude, les Fermat, les Barrow, n'ajoutèrent pas beaucoup aux découvertes de nos deux célèbres Italiens, pour mettre Newton a portée de généralifer, à l'aide des fignes analytiques, cette géométrie tranfcendante & fublime. Sans Cavalieri & Toricelli, Newton n'auroit donc pas fait fon traité des fluxions, & fans le traité des fluxions, nous n'aurions pas celui de la théorie du monde, ni la clef des myftères les plus profonds de la géométrie, ni l'arme irréfiftible avec laquelle on a arraché à la nature fes fecrets les plus cachés. Archimède lui-même feroit frappé d'admiration, s'il voyoit que fes fameux théorèmes ou brille un génie créateur, fur la fphère, le cylindre, la quadrature de la parabole & les propriétés de la fpirale ; théorèmes enveloppés dans le nuage d'une fynthèfe longue, abftrufe, & pénible, ne font que les applications les plus faciles du nouveau calcul infinitéfimal. C'eft à Newton, au feul Newton, & non à Leibnitz (*a*) que l'impartiale pof-

(*a*) Leibnitz cet homme étonnant par la vafte étendue de fon génie & par la prodigieufe variété de fes talents, embraffa la fphère entière des connoiffances humaines ; mathématiques, phifique générale & particuliére, hiftoire naturelle, jurifprudence, droit public, hiftoire, antiquités, poëfie, métaphifique, théologie :

térité a attribué cette glorieufe découverte ; & en effet c'eft Newton
qui l'a préfentée fous fon véritable point de vue, qui en a faifi la
véritable métaphifique, en ne différentiant jamais des quantités mais
feulement des équations, qui en a déduit toutes les conféquences, qui
s'en eft fervi en maître pour compofer fon livre des principes, & qui
l'a cachée enfuite fous le voile de la plus haute géométrie ; auffi ne
laiffa-t-il à fes fucceffeurs que la gloire de retrouver les calculs qui
l'avoient conduit à ces étonnants réfultats, & de glaner dans ce champ
qu'il avoit entiérement moiffonné : enforte que tous les livres qui ont
parû depuis fur l'aftronomie phifique, ne font que le commentaire, &
un commentaire incomplet de fon grand ouvrage.

Le rapport des lignes, qui engendrent des figures planes ; n'eft
pas le même que celui des figures engendrées : fi l'on conçoit plufieurs cercles concentriques décrits avec des rayons qui foient dans
la

---

il mena tout de front, excella dans plufieurs genres, & ne fut médiocre dans aucun. On fait qu'il cultiva avec le plus brillant fuccès cette géométrie qu'on
nomme tranfcendante, & que dans ce genre il fut le feul homme de fon fiècle
jugé digne de difputer quelque chofe à Newton. Son efprit fe portoit naturellement aux principes les plus généraux & les plus élevés, d'où il jugeoit & les fciences & les favants, voyoit ce qui manquoit aux unes, & prefcrivoit aux autres ce
qui leur reftoit à faire. C'eft ainfi que dès l'âge de vingt-deux ans il avoit conçu
le projet fi utile de réformer la jurifprudence, & tracé d'une main hardie le plan
de cette réformation. Sa vie entiére fe paffa à éclairer les branches diverfes de
nos connoiffances, à faire de nouvelles découvertes ou à indiquer aux autres les
routes qui pourroient y conduire ; *fungor vicè cotis*, difoit-il fouvent. Son caractère n'étoit point au deffous de fon génie : il avoit l'ame trop haute pour n'aimer
point la gloire, & trop généreufe pour craindre celle d'autrui : fupérieur à toute
jaloufie il rendoit juftice au mérite & l'encourageoit. Sa véritable ambition étoit
l'avancement des fciences & le progrès de l'efprit humain. Il voyoit dans tous
ceux

la progreſſion des nombres naturels, les cercles décrits feront entr'eux comme les quarrés de ces nombres : de même le rapport des folides engendrés par la révolution des figures planes autour d'un axe eſt autre que
le rapport des figures génératrices. Si on a un parallélogramme , un demi
cercle , une parabole & un triangle fur la même baſe , & de la même
hauteur , ces quatre figures feront entre elles comme ces quatre nombres, 42. 33. 28. 21. Et les folides engendrés par leur révolution autour de l'axe commun , favoir , le cylindre , l'hémiſphère , le conoïde
& le cône , feront dans une autre proportion exprimée par les nombres 42. 28. 21. 14. Il falloit du génie pour être frappé de cette
différence, en trouver la caufe, en donner une démonſtration géométrique. Cavalieri fut le premier qui cherchant à expliquer ces contra-
dictions apparentes, eut l'heureufe & profonde idée de confidérer les
figures, non plus comme nées de la révolution des lignes autour
d'un point, ou des fuperficies autour d'un axe, mais comme engendrées par le mouvement paralèlle ; ou, pour me fervir de fon expreſ-
fion, par la *fluxion* des lignes ou des fuperficies ; de manière que les

---

ceux qui concouroient à une fi belle entreprife non des rivaux ni même des
concurrents, mais des amis, des coopérateurs dont il fécondoit les efforts par fes
confeils, & dont il célébroit les fuccès par des louanges vraies, raifonnées &
d'autant plus flatteufes. Il eſt facheux qu'on puiffe reprocher à un fi grand philofophe d'avoir tenté d'expliquer des chofes inexplicables, telles que l'action de la
fubftance fpirituelle fur la matérielle, & de celles-ci fur la fpirituelle, l'origine
du mal, la liberté &c. & furtout d'avoir donné lieu de croire qu'il n'étoit pas
toujours de bonne foi dans fes hypothèfes métaphifiques, que défefpérant d'atteindre
à la certitude il s'étoit borné à chercher la nouveauté, & que dans cette occafion il s'étoit permis d'abufer de fa fupériorité pour faire des expériences fur la
crédulité du peuple favant, c'eſt-à-dire pour ouvrir la porte à toutes les erreurs ; ce qui eſt non feulement contraire à la philofophie en général, mais encore diamétralement oppofé an but principal de Leibnitz lui-même qui fembloit
ne refpirer que la vérité & la bonne foi. Mais quel eſt le philofophe qui n'ait
jamais été homme ?

K.

figures engendrées font regardées comme les fommes de ces lignes ou
furfaces génératrices : puis indiquant un moyen pour comparer les fommes de ces éléments , il fait évanouir le paradoxe de la différence dont j'ai
parlé , fournit la premiere méthode générale pour la mefure des figures
planes & des folides , & donne cet idée mère , cette idée fondamentale,
de paffer du rapport des quantités génératrices au rapport des quantités engendrées , en quoi précifement confifte le calcul intégral. C'étoit
donc à jufte titre que Toricelli avoit pitié des anciens géomètres ,
qui ne connoiffant ou n'admettant pas la méthode des indivifibles ,
avoient trouvé fi peu de vérités fur la mefure des folides , & avoient
laiffé à cet égard leurs fucceffeurs dans une difette qui s'étoit perpé-
tuée jufqu'à fon fiècle. C'eft donc une erreur évidente que celle de
certains géomètres (a) qui croient que l'ouvrage immortel de Cavalieri ne contient rien d'original ni d'important, & qui n'accordent
à l'auteur d'autre mérite que d'avoir concilié les conféquences de fa
méthode avec les vérités de l'ancienne géométrie. Cavalieri, & plus
encore Toricelli, font voir l'ignorance des anciens dans la mefure des
figures, en mefurant eux-mêmes un très grand nombre de figures
inconnues aux anciens : & ils ne démontrent l'accord des réfultats de
leur méthode avec celui des anciennes démonftrations, que pour réduire au filence les ennemis de toute vérité nouvelle. Dans le fait ,
les quatre ou cinq folides mefurés par Archimède avec fa méthode
d'exhauftion, (méthode particulière, ifolée, fondée fur des exemples
également ifolés & particuliers, qui ne peut en aucune manière
fe lier avec la méthode générale des indivifibles, & qui n'a pû
même fervir d'idée intermédiaire à Cavalieri :) ces quatre ou cinq
folides, dis-je, ne font qu'une bien petite portion de ceux que Cavalieri a foumis à fa méthode générale.

   Le fondement de cette méthode eft que deux figures planes ou

---

(a) Leibnitz , & tout ceux qui n'ont pas lû le grand Cavalieri.

folides font proportionnelles aux fommes de toutes les lignes, ou de
toutes les fuperficies qui peuvent être menées dans ces mêmes figures
paralléllement à une ligne ou à une fuperficie donnée de pofition. Ce
théorème nouveau eft démontré rigoureufement par Cavalieri dans tous
fes différents cas, & jamais il ne fuppofe, comme on l'a crû mal-à-
propos, que les fuperficies foient compofées de lignes, & les folides
de fuperficies : mais ç'eût été un théorème ftérile, fi Cavalieri n'eût
donné enfuite une méthode pour déterminer le rapport de ces lignes
& de ces fuperficies démontrées proportionnelles aux figures mêmes :
il avoit donc à réfoudre ce problème difficile, ,, connoiffant la loi
,, de la progreffion des lignes en nombre infini, qui peuvent être
,, menées dans une figure plane parallèles à une ligne donnée de
,, pofition & de grandeur, qui foit par exemple, la derniere de ces
,, lignes ; trouver leur fomme, ou le rapport de leur fomme au pro-
,, duit de la derniere de ces lignes multipliées par leur nombre ,, ou
,, bien " connoiffant la loi de la progreffion des fuperficies qui peu-
,, vent être menées dans un folide, paralléllement à une fuperficie
,, donnée de pofition & de grandeur, par exemple, à la derniere de
,, ces fuperficies ; déterminer le rapport de leur fomme au produit de
,, la derniere multipliée par leur nombre. "

C'eft à ce problème que fe réduit tout le calcul intégral, ou l'on
fe propofe de déterminer le rapport des quantités finies par la loi
des accroiffements ou des fluxions des quantités variables. Cavalieri
a réfolu ce problème pour les cas où, foit les lignes, foit les fuperficies dont on cherche la fomme, font proportionnelles aux puiffances entières des nombres naturels ; & il démontra le premier cet élégant théorème ,, que la fomme des puiffances d'un degré quelconque
,, des nombres naturels à l'infini, eft au produit de la puiffance du
,, même degré du dernier de ces nombres ou termes multipliée par
,, leur nombre, comme l'expofant de la puiffance augmenté d'une

„ unité, eſt à l'unité. Ayant donc à ſommer les puiſſances m des
„ nombres naturels à l'infini, & le dernier de ces nombres étant x
la ſomme cherchée ſera $\frac{1}{m+1}x \cdot x^{m}$ C'eſt-à-dire $\frac{1}{m+1} x^{m+1}$ for-
mule qui revient à celle-ci $\int x^m \, dx = \frac{1}{m+1} x^{m+1}$. laquelle eſt
comme on fait, la baſe de tout le calcul intégral, puiſque toutes les
intégrations poſſibles les plus compliquées s'y réduiſent. On trouve
donc dans Cavalieri non ſeulement le germe, mais le fondement de
tout le calcul intégral, qui n'eſt devenu ſi fécond entre les mains des
modernes, que par l'invention que l'on doit à Leibnitz des ſignes
commodes pour en faciliter & en étendre l'uſage. Mais combien Cavalieri doit-il nous paroître ingénieux, lorſque nous le voyons employer les efforts de la plus profonde ſynthèſe, pour appliquer ſon
théorême à la meſure des figures dans leſquelles on ne rencontre
plus ces ſimples progreſſions des puiſſances des nombres naturels!
Pour en bien juger, qu'on liſe dans ſes ouvrages les meſures de la
ſphère, du ſphéroïde, du conoïde hyberpolique & de beaucoup d'autres ſolides, dans leſquels les cercles paralèlles à la baſe ne ſuivent
pas la progreſſion des puiſſances des nombres naturels. Dans la ſphère
par exemple, ces cercles ſont proportionnées aux rectangles des ſeg-
ments des diamètres, c'eſt-à-dire, aux produits des nombres naturels
multipliés par la différence entre une quantité conſtante qui eſt le
diamètre, & ces mèmes nombres. Pour avoir donc la meſure d'un
ſegment quelconque de ſphère, il falloit trouver la ſomme de ces
rectangles, & Cavalieri la trouva en la déduiſant du théorème dont
je viens de parler.

De toutes les parties de la phiſique, la médecine fut la ſeule chez
les anciens qui ne reſta point abandonnée à la méthode rationelle, ſi
féconde en faux ſyſtèmes: on ne peut guère aſſigner d'autre cauſe de
cette exception que l'intérèt puiſſant qui éclaire les hommes ſur tout

ce qui a rapport à leur propre confervation. Hypocrate, ce génie fupérieur, créa la médecine, & prenant l'expérience & l'obfervation pour guides, fit de grandes découvertes dans cet art, tandis que tous les autres philofophes s'égaroient dans des fpéculations chimériques. Celfe ne fut qu'un élégant & judicieux interprète d'Hypocrate, & dût fa brillante réputation à ceux qui s'enthoufiafmèrent de fon beau ftile. Galien introduifit un peu plus de raifonnement dans la médecine d'Hypocrate, & depuis Galien jufqu'aux temps modernes, on n'a rien ajouté aux découvertes de ce père de la médecine expérimentale qui eft la vraie médecine. De fon temps cette fcience prefque dépourvue de l'anatomie, & par conféquent de la phyfiologie, fans chymie, fans botanique ; ne fe doutant pas de la circulation du fang, n'ayant ni mécanique, ni ftatique ; ne pouvoit être que très imparfaite : mais de nos jours, graces aux découvertes de Harvei, de Hales, de Malpighi, de Grew, de Sanctorius, de Borelli, de Valfalva, de Véfale, de Céfalpin, de Boerhave, de Haller, & de Morgagni, elle s'eft élevée au degré de perfection dont elle étoit fufceptible, en adoptant toutes les autres fciences, les employant comme auxiliaires, ou plutôt fe les appropriant comme des branches dont elle eft le tronc commun ; connexion qui n'avoit pas échapé à Hypocrate, & qui dans la fuite avoit été annoncée par Bacon. Le fil de l'expérience & de l'obfervation qui peut feul nos guider dans le labirinte de la fcience naturelle, fut repris par le célèbre Sanctorius, qui enrichit la médecine d'une vérité originale inconnue aux anciens, en créant l'art admirable de mefurer la tranfpiration infenfible ; il eut la patience plus que philofophique de fe tenir pendant l'efpace de trente années fufpendu au bras d'une balance, l'œil attaché conftamment au fléau, d'en fubir, d'en obferver les ofcillations diverfes rélatives aux diverfes fonctions animales, & fe prêtant en philofophe à chacune de ces fonctions de les changer en autant d'expériences

K 3

réfléchies, d'où il fut déduire les loix conftantes, les bons & les mauvais effets de l'accroiffement & du décroiffement de cette invifible
tranfpiration. Ce fut ainfi qu'il découvrit la fource inconnue jufqu'alors
d'une infinité de maladies, & qu'il indiqua les moyens de les préve-
nir où d'y remédier, dans une fuite d'aphorifmes lumineux que les
expériences fubféquentes n'ont jamais démentis.

Ce n'eft pas affez d'un fimple foupçon, d'une conjecture fondée
fur un fait ifolé, ni même d'une vérité ftérile & folitaire jettée à
travers un cahos d'erreurs, pour fixer l'époque glorieufe d'une grande
découverte dans la philofophie naturelle ; il faut l'organifation com-
plette de tout un fyftéme, les raifons, les preuves, & l'explication de tous les phénomènes qui en dépendent. L'économie animale étoit depuis Hypocrate enveloppée des plus épaiffes ténèbres. Le mécanifme admirable de la circulation continuelle du
fang & des autres liqueurs dans les vaiffeaux des animaux, ne fut
jufqu'au temps de Harvei, qu'une idée abftraite, incertaine, une
idée poëtique des philofophes. Que l'on parcoure les écrits de tous
les médecins depuis Hypocrate jufqu'à Harvei, on n'y verra nulle
trace de cette circulation : à la vérité, on y lira que fuivant Erifif-
trate, il couloit dans les artères une forte d'efprit dont le centre &
la fource unique étoit le ventricule gauche du cœur, à l'exclufion du
ventricule droit auquel on laiffoit à peine la fonction de nourrir les
poumons dans les animaux qui en font pourvus : il fuppofoit qu'un
peu d'air & de fang étoit attiré du ventricule droit & des poumons
dans le ventricule gauche, comme matériaux néceffaires à l'élaboration
de cet efprit qui s'épuroit par l'évaporation des fuliginofités ou parties
inutiles & hétérogènes : quelle analogie pouvoient avoir de pareilles
rèveries avec la circulation du fang telle que nous la connoiffons aujourd'hui ; telle que la décrit Harvei ? ce fyftème chimérique, loin

de conduire à la découverte même, n'y formoit-il pas au contraire un véritable obftacle ? il ne faut pas à la vérité mettre dans la mème claffe les découvertes réelles quoique peu confidérables de Céfalpin & de Fra-Paolo, qui en trouvant les valvules des veines, firent les premiers pas vers l'importance découverte de la circulation du fang : mais Harvei eut encore un intervale immenfe à parcourir pour opérer la grande révolution dans la fcience de l'économie animale, & l'on retranche bien peu de fa gloire, en difant que fes découvertes, comme toutes les autres grandes découvertes, ont été en quelque forte préparées de très loin. Il établit le premier cette vérité de fait que le cœur a fucceffivement dans fes deux ventricules, deux mouvements différents, l'un actif qui eft la fyftole, l'autre paffif qui eft la diaftole : que fes deux oreillettes font douées d'un pareil mouvement, mais qui n'eft pas fynchrône aux ofcillations des ventricules : il découvrit l'ufage de l'artère pulmonaire, & de la veine qui y aboutit, il fit voir que les colonnes fanguines à la faveur de fes canaux, parcourent tout le parenchyme du poumon, y reçoivent par le moyen de la refpiration, les impreffions bienfaifantes de l'air, & ouvrent une libre communication entre le ventricule droit & le ventricule gauche du cœur. Il démontra enfuite par des preuves victorieufes que le fang arrivé par la veine pulmonaire dans l'oreillette & dans le ventricule gauche du cœur, eft pouffé fucceffivement dans l'aorte & diftribué par les ramifications de l'aorte dans toutes les parties du corps les plus éloignées & les plus intérieures ; qu'après avoir ainfi porté par tout la nourriture & la vie, ce qui refte de fang paffe des dernieres ramifications artérielles dans les premiers filets des veines qui s'y infèrent, puis remontant graduellement de ces filets veineux ou vaiffeaux capillaires, jufques dans les plus groffes veines, à la faveur du mouvement d'impulfion qu'il conferve, & des nombreufes valvules des veines ; il arrive enfin dans le tronc inférieur & dans le tronc fupérieur de la veine cave, d'où il fe précipite dans l'oreillette droite, & de là dans le ventricule droit, pour retourner par l'artère pulmonaire dans l'oreillette & le ventricule gauche du cœur : voilà fans doute la plus lumineufe découverte qui ait été faite dans l'économie animale ; découverte qui a de grandes influences, non feulement fur la médecine théorique, mais, ce qui eft bien plus important fur la médecine pratique. N'eft-il pas vrai par exemple ; que les maladies inflammatoires qui nous attaquent fous tant de formes différentes, n'étoient traitées par Hypocrate lui-même, que d'après un empirifme raifonné ? mais combien cette route étoit-elle difficile & gliffante pour tous ceux qui n'ayant pas l'expérience & la pénétration de cet homme divin, avoient les mêmes maladies à traiter. Enfin, Harvei paroît : il découvre la circulation du fang, il fuit ce fluide vital dans toutes fes routes, il conftate l'influence de fon mouvement fur la fanté, fur la vie des animaux : & il met le médecin praticien fur la voye de connoitre par le raifonnement, les bons effets qu'il doit attendre dans les maladies inflammatoires, de la faignée & de la diéte, toutes deux modérées & fagement combinées avec l'état du pouls, de la refpiration &c. Avec de telles connoiffances, on peut acquérir en peu de temps, l'art de faifir les tendances de la nature, de les fuivre, & d'aider les efforts continuels qu'elle fait contre la maladie. Art difficile ! dont avant le grand Harvei, un petit nombre de génies heureux avoit le fecret, & qui étoit le fruit d'une expérience longue raifonnée, par laquelle feule ils avoient pu rectifier l'empirifme informe dans lequel ils avoient été élevés.

Les détracteurs des fciences expérimentales prétendent qu'elles ne font point utiles aux hommes en général, & qu'elles ne font bonnes qu'à fervir d'aliment à l'inquiète curiofité des philofophes : objection digne de quiconque eft étranger à ces belles fciences, & n'en fait pas aprécier l'enchaînement & la filiation. C'eft un principe en
métaphifique,

métaphifique qu'une vérité ne peut être ifolée : l'erreur ne tient à rien dans la nature, parce qu'elle n'eft rien & ne repréfente rien : la vérité au contraire tient à tout, car elle eft un rapport entre les idées abftraites ou entre les êtres réels ; dans ce dernier cas c'eft un rapport phifique , & par conféquent très compliqué par la multitude des caufes éloignées ou prochaines qui peuvent le modifier : & il en eft de même, lorfqu'il s'agit d'un rapport entre deux idées abftraites ; puifque ces idées fe réduifent en derniere analyfe aux êtres réels dont elles expriment les propriétés plus ou moins générales. Borelli guidé par ce principe lumineux, appliquant la fcience de la mécanique au corps humain, y lut le langage géométrique imprimé par la nature, & en démontrant le premier les loix générales de fon admirable mécanifme, combinant les effets, calculant les forces, il développa tous les phénomènes de l'économie animale. Cette application fondée fur fa propre fimplicité, appuyée fur des données certaines, préfente des réfultats bien plus vrais que la prétendue théorie des mouvements des fluides dans les tubes fléxibles, appliquée arbitrairement à la vélocité du fang & à fon action fur les vaiffeaux dans lefquels il circule. Qui ofera jamais fe vanter d'avoir découvert les véritables loix de la dilatation des vaiffeaux, celles de leur élafticité, la force de leur valvules, les degrés de la chaleur & de la ténacité du fang : tous phénomènes compliqués, impénétrables à l'humaine fagacité, qu'on a vainement tenté, que l'on tentera vainement d'expliquer par des hypothèfes précaires, incomplettes, d'où il ne peut réfulter qu'une feule vérité : c'eft que, *toute application ultérieure des loix de l'hydro-mécanique aux phénomènes des corps animés, ne peut être qu'une ingénieufe chimère.*

Un moyen bien plus court & plus fur de s'élever tout d'un coup à l'explication des phénomènes, ce feroit la connoiffance des caufes finales : mais cette connoiffance fuppofe celle de toutes les fins, de toutes les vues, de tous les moyens de la nature dans toute leur étendue :

L

or, qui nous révélera ces grands myſtères , ces vérités ſublimes que
la nature s'eſt reſervée en les tenant à une hauteur où notre foible
intelligence ne peut atteindre ? les régles fondamentales du raiſonnement,
ſont à la vérité toujours immuables & toujours infaillibles : mais lorſ-
qu'elles manquent par ce point eſſentiel de l'enchaînement des idées
intermédiaires , c'eſt - à - dire , des faits qui ſe dérobent à notre ſaga-
cité , il nous eſt impoſſible de ſoumettre les phénomènes de la nature
à nos jugements généraux : · d'ailleurs, la comparaiſon eſt le fondement , le grand inſtrument de nos connoiſſances ; il eſt métaphiſiquement impoſſible d'aſſigner une cauſe qui ne ſoit pas Dieu , d'une loi
ſuppoſée la plus générale , puiſque par la ſuppoſition mème , une telle
loi ne pourroit ètre comparée à rien : il ne ſeroit donc pas moins
inutile , quoiqu'en diſe le grand Newton, (a) de rechercher la cauſe
de l'attraction , que de rechercher celle de la circulation du ſang : la
premiere eſt impoſſible métaphiſiquement , l'autre ne l'eſt que par ſon
exceſſive complication.

Dérham & Niewentit , tiennent le premier rang parmi les finaliſ-
tes modernes : ils voient la nature toujours ſage , toujours économe ,
& en donnant à leurs réflexions ſur ſes ouvrages la forme d'un traité
aſcétique , ils ne cachent point aſſez l'orgueil qu'ils ont de vouloir déviner ſes vues & de les juger : il eſt d'autres fanatiques non moins abſurdes & plus dangereux , qui voulant tout expliquer mécaniquement ,
juſqu'au bien & au mal moral , ſemblent avoir pris à tache de dégra-
der l'homme, d'anéantir ſon auteur autant qu'il eſt en eux, d'affran-

_____

(a) Voyez les principes de Newton , Scholie générale. Si l'on pouvoit ſup-
poſer qu'un Philoſophe tel que Newton eut pû perſiſter dans cette erreur de
métaphiſique , & rechercher ſérieuſement la cauſe de l'attraction , de combien d'erreurs de détail , cette erreur premiere n'auroit-elle pas infecté la phiſique , &
quel eut été le crédit , je veux dire la contagion de ces erreurs ſoutenues
par la ſanction du calcul & par l'autorité d'un grand nom.

chir les defpotes du frein falutaire de la crainte, & de ravir au peuples malheureux les douces confolations de l'efpérance. (*a*) Ces infenfés ne méritent aucune réfutation. Les preuves de l'exiftence de Dieu font dans mon cœur, elles ont beaucoup plus de force que les arguments trop fubtils & les pieux fophifmes par lefquels on a voulu démontrer cette grande vérité : mais voici ce que je propoferai aux finaliftes.

C'eft une vérité démontrée en mécanique, que dans un levier il y a toujours équilibre, lorfque la réfiftance & la puiffance motrice font réciproquement proportionnelles à leurs diftances du centre de mouvement : donc pour mouvoir un plus grand poids avec une moindre puiffance, il faut augmenter la diftance de la puiffance au centre du mouvement ; c'eft-à-dire, allonger le bras du levier du côté de la puiffance ou le diminuer du côté de la réfiftance : mais la nature, comme Borelli l'a fait voir le premier, n'employe pas cette voye fi fimple & fi abrégée dans les mouvements des animaux: car en racourciffant beaucoup le levier de la puiffance, & allongeant celui de la réfiftance, elle fe met dans la néceffité d'employer une force qui fouvent excède plus de mille fois celle de la réfiftance. Par exemple, les mufcles qui maintiennent dans une fituation horizontale le coude & la main, lorfqu'elle foutient le plus grand poids poffible, s'inférent dans la tubérofité de l'os du coude, à une diftance du centre de l'articulation de cet os environ vingt fois moindre que n'eft la diftance du poids foutenu par la main au centre de l'articulation de cet os. Il faut donc pour foutenir un poids de vingt huit livres que ces mufcles exercent une force équivalente à cinq cent foixante livres : ce fut Borelli qui annonça ces vérités étonnantes fur la force des mufcles ; vérités qu'on feroit tenté de révoquer en doute, fi elles n'étoient ac-

(*a*) Voyez l'homme machine, & le fyftême de la nature.

compagnées des plus rigoureuses démonstrations. Dérham, Niewentit & les autres panégyristes de cet esprit d'économie qu'ils prêtent à la nature, seroient bien embarassés de la proposition 61, où Borelli démontre que si un portefaix a sur ses épaules un poids de cent vingt livres, la somme des forces que la nature exerce dans les muscles extenseurs du dos & les cartilages des vertèbres sera équivalente à 25585 livres ; & que la force des muscles seuls, ne sera pas au dessous de 6404. Ces mèmes finalistes n'auroient pas moins d'embarras pour concilier avec leur système, la proposition 175, où l'on fait voir qu'un homme employe pour sauter une force 2900 fois plus grande que celle du poids de son corps. Ce fut donc Borelli qui nous apprit le premier combien nous devons être circonspects & réservés à juger la nature, à déviner ses vues, à prononcer sur ses moyens ; combien il est insensé de vouloir fixer les limites de ses prétendus écarts, qui ne sont tels que rélativement à un certain ordre dont nous nous sommes faits l'idée & qui n'est pas toujours l'ordre de la nature. Cet observateur géomètre, cet inventeur de l'anatomie mécanique comparée, fut le premier qui développpa philosophiquement tous les mouvements des animaux, & qui rechercha la cause, la nécessité de ces mouvements, la force prodigieuse requise pour les produire ; enfin qui créa pour ainsi dire, les faits par l'examen qu'il en fit, puisque tous ces faits qui se présentent sans cesse à nos yeux n'avoient jamais été, je ne dis pas analysés, mais même indiqués. Nous voyons les hommes & les animaux marcher, courir, sauter, s'asseoir, se lever, se tenir debout : les oiseaux voler dans les airs & diriger leur vol en tout sens ; les poissons nager dans les eaux ; mais par quels moyens, quelles forces, quelle mécanique la nature exécute - t - elle ces divers mouvements, ces opérations admirables ? c'est ce qui fut ignoré, ce qui ne fut pas même cherché jusqu'à Borelli, personne avant lui n'ayant soupçonné que ces mouvements puissent être l'objet de calculs aussi exacts, de démonstra-

tions auffi rigoureufes. Il femble que les phénomènes les plus familiers,
les plus proches de nous, font ceux qui nous touchent le moins. Le
mécanifme célefte a été étudié longtemps avant le mécanifme animal ;
cependant il faut avouer que les arts rélatifs au befoin, à certaine néceffité locale, ont toujours précédés les arts de pure fpéculation.

Les Italiens furent créateurs d'une fcience ignorée de toutes les
autres nations, c'eft celle des fleuves. Comme l'Italie a peu de largeur
& qu'elle eft traverfée par des torrents nombreux & rapides qui fe pré-
cipitent des Apennins dans les deux mers, elle eft expofée à de fréquentes innondations auxquelles il a fallu remédier par une fuite de travaux
continuels. Pendant longtemps ces travaux ont été abandonnés à de
fimples artiftes, mais les principes en ayant été approfondis par Caftelli & Guglielmini, ont formé une fcience nouvelle. Le premier en
jetta les fondements, le fecond acheva l'édifice. Nous devons entr'autres chofes, au premier, ce principe lumineux & fécond que „ dans
„ l'état permanent d'un fleuve, les viteffes moyennes de fes eaux font
„ réciproquement proportionnelles aux fections " & quoi qu'il ne fe
foit pas élevé à cet autre principe non moins fécond ni moins lumineux découvert par Toricelli, que les viteffes des eaux courantes
font en raifon foudoublée des hauteurs des colonnes fupérieures ; néanmoins, on peut dire que fes expériences multipliées & les conféquences particuliéres qu'il en a fçu tirer, n'ont pas peu contribué à faire
éclore ce beau théorème. Guglielmini fut le premier qui embraffa la
fcience des fleuves dans toute fon étendue, il rechercha la caufe de la
différente pente des lits des fleuves dans les différents volumes d'eau
qu'il renferment, & dans les différentes matières qu'ils charient : les
loix felon lefquelles un fleuve fe décharge dans un autre fleuve, les
caufes de leur accroiffement & de leur décroiffement : il donna des régles fûres pour creufer un nouveau lit à une riviere, pour conftrui-
re folidement des pècheries, pour dériver l'eau d'un fleuve dans des

L 3

canaux réguliers, pour faire écouler celle qui fubmerge les campagnes ;
enfin il appliqua le premier aux mouvements des fleuves, ce que Galilée avoit découvert au fujet de l'accélération des graves fur les plans
inclinés, en indiquant les convenances & les difconvenances des deux
théories. Il réfulte de ces principes que, faifant abftraction de la réfiftance du fond & des bords, la viteffe de l'eau qui coule par un canal
incliné fera la même à un point quelconque du canal, que celle
qu'elle auroit acquife en tombant d'une hauteur égale à la diftance de
ce point à la ligne horizontale menée par l'origine du canal : donc ces
viteffes croîtront en raifon foudoublée de ces hauteurs ou des diftances de
l'origine du canal : delà les différentes viteffes à différentes diftances de la
fuperficie pourront être repréfentées par les ordonnées d'une parabole ; &
l'on pourra facilement au moyen de la quadrature connüe des efpaces pa-
raboliques, trouver la viteffe moyenne des fections d'un fleuve dans
tous les cas : de là enfin, la folution lumineufe d'une infinité de problèmes rélatifs à cette fcience des fleuves, dans lefquels problèmes,
le P. Grandi étala tout le luxe de fa fynthèfe, en démontrant à l'exemple
de Newton, une multitude de propofitions purement théoriques, mais
qui peut être trouveront un jour leur application dans la nature.

Malpighi en Italie & Néhémie Grew en Angleterre, eurent tous
deux en même temps l'idée de jetter un regard philofophique fur le
régne végétal, de faire l'anatomie des plantes & de faciliter ainfi aux
penfeurs les moyens de développer entiérement l'hiftoire de la réproduction, de la vie & de la fanté de ces habitants muets de notre globe. Tous
deux furent originaux ; mais je crois pouvoir avancer fans partialité
que Malpighi l'emporta de beaucoup fur le naturalifte Anglois, & que
les grandes découvertes d'un autre Anglois, Etienne Hales, fuppofent
la préexiftence de l'ouvrage admirable du philofophe Italien. En effet,
Malpighi obferva plus exactement que Grew, l'écorce des végétaux,
& en découvrit la ftructure. Leur fubftance céllulaire qu'il défigna par

le nom d'utricules, & le réfeau vafculeux démontré par lui dans les divers ordres de fibres ligneufes qui s'entrelacent enfemble à la faveur de ce même tiffu céllulaire, lui fervirent à établir les routes cachées par lefquelles une grande quantité de fuc nourriffier que ces utricules attirent de la terre, fe porte & fe diftribue dans toutes les parties de la plante. Il avoit fouvent obfervé que plufieurs arbres dont le cœur étoit prefque entiérement détruit, & qui n'avoient qu'une partie de leur écorce ne laiffoient pas de végéter ; & ce fait fi vulgaire, fi ftérile jufqu'à ce moment, lui fournit cette belle conféquence , que l'écorce eft un organe effentiel à la nourriture & à la vie des végétaux.

Malpighi ne fut pas moins pénétrant ni moins heureux dans l'a-natomie de la texture intérieure du bois. Il remarqua le premier qu'elle devoit être regardée en grande partie comme vafculeufe ; qu'elle étoit formée de fibres ligneufes longitudinales en plus grand nombre, plus ferrées que dans l'écorce, & qui donnent paffage par leurs interftices au tiffu céllulaire ou aux utricules, lefquels s'étendent horizontalement de la circonférence au centre, ou plutôt jufqu'à la moelle dont ils four-niffent la matière. Mais ce qui lui fait le plus d'honneur , & ce qui annonce un génie original , c'eft la découverte des trachées , de ces tubes formés par une lame écailleufe, roulées en fpirale, qui accom-pagnent pour l'ordinaire les fibres longitudinales : il en fit connoitre la forme & l'ufage : il obferva quelques vaiffeaux plus amples, com-pofés d'une fuite de véficules, communiquant les unes avec les autres, & il jugea que ces vaiffeaux offroient un paffage à l'air pour pénétrer dans tout le tiffu vafculeux, & concourir ainfi avec le fuc nourriffier à opérer le mécanifme admirable & jufques-là trop peu connu de la végétation. La découverte de ces trachées , de leur ftructure, de leur continuité depuis les racines jufqu'aux feuilles les plus éloignées : enfin , l'idée que les trachées tirent immédiatement de la terre l'air , ou pour parler plus généralement, le fluide élaftique néceffaire à la vie des végétaux, & qui en fort enfuite par les pores extérieurs, n'étoient - ce pas là des connoiffances auffi neuves qu'importantes, qui nous auto-rifent à croire qu'Etienne Hales n'auroit pas pouffé fes découvertes auffi loin s'il n'eut été précédé par Malpighi. Celui - ci nous a appris que la fubftance du bois confifte dans les parties céllulaires & dans les fibres ligneufes, il nous a fait connoître dans quelques végétaux l'exiftence des vaiffeaux lactés dont la fonction eft de féparer cette ré-fine qu'on voit adhérente aux incifions faites à l'écorce : enfin il y a apperçu une organifation très curieufe, fort analogue à celles des animaux.

La nature de la moelle végétale n'étoit - elle pas une énigme in-explicable pour les philofophes qui ont précédé Malpighi? Il en dé-veloppa l'organifation de même que celle des bourgeons, lefquels il dépeint comme autant d'embrions renfermés dans le tronc des plan-tes : ces bourgeons ayant acquis une certaine maturité fe transforment en une branche, c'eft-à-dire, en une nouvelle plante, de laquelle com-me d'une matrice féconde, naiffent d'autres branches par les nouveaux bourgeons dont elle fe révêt fucceffivement. Que dira-t-on des raci-nes connues & définies par Malpighi, de la manière la plus fimple & la plus vraie? Les racines, dit - il, ne font autre chofe que les parties du tronc qui fe divife, fe foudivife, fe réfout pour ainfi dire en filets capilaires ; en effet les racines ne paroiffent à l'œil du pen-feur que l'arbre même divifé en canaux affez fins, affez multipliés pour fe difperfer dans le terrein fécond & y chercher la nourriture. Ces mêmes canaux au contraire fe joignant par petits faifeaux, & ceux-ci fe réuniffant fucceffivement entr'eux, forment enfin tous en-femble une feule maffe qui eft le tronc de la plante ; ce tronc fe divife de nouveau à l'extrèmité oppofée en pouffant des branches, & ces branches d'autres ramifications plus déliées, terminées par les feuilles. Malpighi expliqua auffi l'organifation des racines, & en particulier

ticulier des racines bulbeufes; enfin de quelque côté qu'il ait tourné
fes regards, il a tout vû, tout développé, tout décrit, plutôt avec le
*langage de la nature même, qu'avec celui de l'efprit ou de l'imagina-
tion.* On voit dans tous fes ouvrages le génie obfervateur & original tantôt découvrir le fait de la transformation des feuilles de chène
en galles, dépeindre ces galles comme une matrice convenable appro-
priée à la propagation ou au développement de quantité d'infectes,
qui en y dépofant leurs œufs ont altéré l'organifation de la feuille :
tantôt reconnoître la nature de plufieurs autres tumeurs ou excrefcen-
ces de diverfes plantes, & toujours les trouver habitées par des
familles entières d'infectes.

Vallifnieri, difciple de Malpighi, a prefque égalé fon maître dans
l'art de l'obfervation : il entra dans l'efpèce de ligue que Redi, Swam-
merdam & quelques autres naturaliftes fembloient avoir formée contre l'hypothèfe de la génération fpontanée : cette hypothèfe avoit été
jufqu'alors une opinion populaire plutôt qu'un fyftème philofophique,
& il faut avouer que les lumiéres répandues fur l'hiftoire des infectes par les travaux de tant d'obfervateurs, enlevèrent aux partifans
de la génération fpontanée des preuves de fait fans nombre; mais on
ne peut nier auffi qu'il ne leur en refte de décifives fans parler des
preuves de raifonnements qui fubfiftent dans toute leurs force. Car
enfin, où eft l'impoffibilité que des particules de matière qui ont
entr'elles une affinité bien démontrée, puifqu'elles doivent concourir
à la formation d'un même animal fe rencontrent dans un lieu convenable, autre qu'une matrice, que dans ce lieu elles fe réuniffent
fuivant les loix de leur affinité ; & fi toutes les circonftances font
favorables (ce qui doit être très rare), que de ces réunions il réfulte des germes, & de ces germes des animaux ? Quoiqu'il en foit,
fi Vallifnieri excella dans l'art d'obferver en petit, il eut auffi celui
de voir en grand: je n'en veux pour preuve que cette belle idée

M

d'une chaîne immenfe qui lie tous les êtres, & de ces nuances in-
fenfibles par lefquelles les différentes claffes, les différents régnes de
la nature fe raprochent & fe fondent, fi j'ofe ainfi parler, dans leurs
points de contact, pour ne former qu'un feul tout, un tout vraiment
indivifible, & dont l'homme doit reconnoître, doit refpecter l'unité,
lors même que pour l'accommoder à la foibleffe de fon entendement,
il fe permet de la violer par des divifions arbitraires.

Ces naturaliftes célèbres ont de nos jours un rival, & en même
temps un ami de leur opinion, dans la perfonne de Charles Bonnet;
philofophe vertueux, qui vit dans la retraite & le filence, loin du
tourbillon civil & politique; feul avec la nature, faifant d'excellentes
obfervations, jouiffant en fage de fes découvertes; fe faifant honneur d'être né parmi un peuple induftrieux & libre, qui gémit fans
doute de ce que les loix fondamentales & facrées de la liberté ont
été violées dans la perfonne d'un autre citoyen qui faifoit fa gloire,
& que je regarde comme le Demofthène de notre fiècle.

L'art qui chez les Romains faifoit pendant la paix les délices
des citoyens illuftres: cet art qui eft le premier de la vie focia-
le: cet art qui chez la plus nombreufe nation du monde eft en-
couragé, confacré par le Monarque avec tout l'appareil d'une céré-
monie augufte: l'agriculture enfin, n'avoit dans l'écrit de Varron,
de Virgile, de Columelle, d'Aratus, d'autre bafe qu'une pratique peu
éclairée: mais enrichie par les découvertes de Hales & de Malpighi,
elle eft devenue une branche confidérable de la phifique expérimentale:
ces deux obfervateurs appliquant l'efprit philofophique à l'étude des
plantes, découvrirent des vérités fécondes fur l'économie des végétaux: ils apprécièrent les principales caufes phifiques qui concourent
à la végétation, & par là ils acquirent un droit incontestable à la
reconnoiffance non feulement des favants, mais de tout le genre h_u-

main. Avoit-on jamais penfé avant Etienne Hales, qu'il y eut dans les
végétaux une immenfe quantité d'air réduit à un très petit volume,
dépouillé de fon élafticité, & qui faifant partie de leur fubftance la
plus dure, donne lieu à cette cohéfion des parties d'où nait leur fo-
lidité. Il réfulte de cette découverte une conféquence pratique; c'eft
que pour faciliter la végétation des plantes, il faut qu'une campagne
foit ouverte, & que les terreins auxquels on veut faire produire ra-
pidement les plus riches moiffons foient fouvent remués, afin que
l'air pénètre dans les plantes par leurs racines & par toutes les autres
voyes poffibles.

Hales fit auffi fur le régne végétal, ce que Sanctorius avoit fait
fur les animaux, en déterminant la quantité d'humeurs que diverfes
plantes attirent, ce qu'elles en perdent par la tranfpiration, & les
diverfes quantités de cette tranfpiration rélatives au degré du chaud
ou du froid, à la féchereffe ou à l'humidité de l'atmofphère. Il fixa
le degré de chaleur par lequel le foleil agit fur les diverfes parties
des plantes, depuis l'extrèmité des plus hautes branches jufqu'aux
dernieres racines, qui font à deux pieds de profondeur dans la terre,
& détruifant l'hypothèfe accreditée par Perrault de la circulation de
la féve dans les vaiffeaux capillaires, il trouva la véritable force avec
laquelle les plantes à l'aide de ces mèmes vaiffeaux capillaires, du tiffu
célluleux & de la chaleur du foleil, attirent le fuc nourricier par
les racines, par la tige, par les branches, & mème par les
feuilles, fuivant que leur fituation & leur befoins déterminent cette
efpèce de fuction. Voila donc la véritable analogie entre les animaux
& les végétaux, trouvée dans cette tranfpiration infenfible, qui eft
commune aux uns & aux autres; voila le vrai rapport fous lequel on
peut les comparer entr'eux dans beaucoup de circonftances de leur
vie, de leurs maladies, de leur fanté. Plus on approfondira la natu-

re, plus on reconnoîtra d'uniformité dans fon plan , & de varieté, c'eſt-à-dire , de liberté dans l'exécution.

Mais un des faits les plus mémorables dans les faſtes de l'eſprit humain , une découverte bien propre à aſſurer l'immortalité à celui qui l'a faite, c'eſt la décompoſition de la lumiére en ſes éléments indiviſibles, d'où ſe tirent l'explication des couleurs des corps, les loix de la différente réfrangibilité & réflexibilité des rayons ſimples qui compoſent la lumiére, la théorie de la viſion , la vraye cauſe de l'imperfection des lunettes de longue vue inutilement cherchée juſqu'a-lors dans la figure des lentilles, & le remède à cette imperfection que le grand Euler & Dolond ont trouvé dans le mème temps par des voyes différentes : l'un à force de calcul, & l'autre par voye d'expé-rience ; de là , le téleſcope de réflection que Grégory n'avoit fait qu'indiquer, & que Newton ſubſtitua à ceux qui étoient en uſage juſqu'alors; de là, l'explication des météores colorés tels que l'Iris en rectifiant les idées du célèbre de Dominis , les couronnes, les parhélies, les paraſelenes, &c. de là un nouveau moyen d'aſſigner la cauſe productrice des couleurs permanentes des corps dans la groſſeur & la forme de leurs parties élémentaires , & dans la manière dont elles réfléchiſſent & réfractent la lumiére, de détruire l'antique erreur qui attribuoit la réflection à l'incidence de la lumiére ſur les parties ſolides & impénétrables des corps, en ſuppoſant que ces parties ren-voyoient la lumiére comme un plan élaſtique ou dur renvoie une balle élaſtique qui vient le frapper, tandis que dans le vrai , la lu-miére ne fait, que ſe recourber peu à peu à l'approche du plan, ſans jamais le toucher : de là les deux phénomènes de la réflection & de la réfraction ramenés à une ſeule & même cauſe qui eſt l'attraction; de là les loix de la différente réfraction dans les différents milieux ; aucune autre découverte n'a mis plus en évidence la néceſſité d'em-ployer tour à tour la méthode analytique & la ſynthétique ; la premiere confulte, l'obfervation, l'expérience, l'anologie; & en déduit les forces primitives de la nature: la feconde defcend des caufes générales aux phénomènes intermédiaires pour les expliquer. Les anciens connurent la fynthèfe & en abufèrent; mais ils ignorèrent entiérement l'analyfe qui a donné une fi grande fupériorité aux modernes, en leur apprenant à diriger, à manier avec fagacité, avec adreffe, les expériences qui font la bafe de tous les raifonnements qu'on peut faire fur la nature, Et c'eft l'Italie qui eut encore la gloire de donner à l'Europe les premiers exemples de cette méthode dans l'académie *del Cimento.*

Mais quelque grand que nous paroiffe Newton dans la théorie de la lumiére & des couleurs, approfondie, développée dans toute fon étendue; ce n'étoit qu'une petite portion de la fcience naturelle qu'il dût à fes obfervations plutôt qu'à fon génie créateur. Mais interroger la nature dans toute fa généralité, remonter jufqu'à fa loi primordiale, jufqu'à cette loi qui l'anime toute entière & la conferve; combiner tous les phénomènes de l'Univers, les raffembler dans un *fait* unique; voilà la prérogative d'une ame extraordinaire, d'un génie fublime, qui mérite le culte des adorateurs du vrai, qui élève la nature humaine au deffus d'elle-même, & la rend digne de l'apothéofe.

L'obfervation donné par Képler, que les aires décrites par les planettes autour du foleil font proportionnelles aux temps, fut la propofition intermédiaire qui conduifit Newton à démontrer l'exiftence d'une attraction; ce qui eft la même chofe que rendre raifon de l'obfervation: d'après la feconde propofition de Képler que les orbites font de figure élliptique Newton démontra que l'attraction d'une planette qui s'approche & s'éloigne du foleil, croît & diminue en raifon inverfe des quarrés des diftances. Enfin, d'après la troifieme propofition de Képler, que les quarrés des temps périodiques des diverfes planettes font comme les cubes de leurs diſtances moyennes au ſoleil, Newton étendit la loi de l'attraction en raiſon inverſe des quarrés des diſtances à tout le ſyſtême planétaire qui tourne autour du ſoleil; & d'après le théorê-me fécond des loix de la chute des graves, ce premier pas que fit le génie de Galilée dans la vraie phiſique, Newton prouva l'indentité de la force qui meut tout le ſyſtême planétaire, avec celle qui fait tomber les graves ſur la ſurface de la terre; c'eſt ainſi qu'il généraliſa l'attraction, & qu'il la reconnut pour le principe général qui anime tout l'Univers. Telle fut la marche de l'eſprit de Newton, telle eſt l'hiſtoire de ſes penſées dont on voit le tableau dans le livre prodigieux des principes. Voilà comment Newton ravit, arracha à la nature ſa vérité primordiale; voilà tous ſes phénomènes réduits à l'unité; tous les mouvements céleſtes & leurs irrégularités les plus bizarres en apparence, ſoumis à une ſeule loi. Les progrès rapides qu'a fait depuis Newton le calcul infiniteſimal, dont ce grand homme ſe ſervit le premier pour découvrir ces vérités ſublimes & ineſpérées, nous ont mis en état de déterminer plus ſcrupuleuſement les phénomè-nes des marées, les inégalités des mouvements de la lune, la préceſſion des équinoxes, la figure de la terre, la nutation de ſon axe, le mouve-ment des comètes, les irrégularités du cours de Jupiter & de Saturne; enfin tous ces faits que les anciens ne connurent point, ou connurent mal; n'ayant ni moyens pour les obſerver, ni principes pour les expli-quer, ces faits qui compoſent aujourd'hui la plus ſublime partie de la phiſique, & qui ſont déterminés avec autant de préciſion par la théoric que par les obſervations. Mais l'édifice avoit été conſtruit en entier par Newton, & tous ces volumes immenſes de calculs qui ont fait la réputation de tant de géomètres venu depuis, n'ont ſervi qu'à ren-dre plus acceſſible ſon immortel ouvrage, ou à lui ajouter quelques ornements. Newton fut le premier qui combinant la gravité, c'eſt-à-dire, l'attraction avec la force centrifuge née de la révolution diurne

du globe terreftre, & qui tend à éloigner les corps du centre, détermina le renflement de ce globe fous l'équateur ; & fi ce fut Maclaurin qui le premier démontra rigoureufement qu'en vertu de ces
deux forces combinées, la terre devoit prendre la figure d'un fphéroïde né de la révolution d'une fphère autour de fon petit axe, fi
Clairaut enfuite, traita cette matière à fond ; tous deux ne firent que
parcourir la carrière indiquée par Newton. Cette zône plus élevée
du fphéroïde terreftre autour de l'équateur, n'étant pas attirée par le
foleil précifément comme le centre, & fe trouvant inclinée à l'écliptі-
que, doit changer continuellement de pofition rélativement à l'écliptique même : & voilà tout le fecret de la préceffion des équinoxes.
C'eft Newton qui l'a calculé le premier dans un problème de fon livre des principes : & le réfultat de fon calcul, s'eft trouvé conforme au réfultat des obfervations les plus exactes. Cette premiere folution a fait naître depuis l'élégant traité *de la préceffion des équinoxes*,
où le célèbre d'Alembert à puifé prefqu'entiérement cet article de la
théorie Newtonienne. Un autre problème du même livre des principes , indique pareillement comment l'excès de l'attraction qu'éprouvent
les eaux les plus voifines de la lune, fur celle qu'éprouve le centre
de la terre, doit faire élever ces eaux vers la lune : & comment
la moindre attraction qui s'exerce alors fur les eaux diamétralement
oppofées, les doit auffi détacher du centre , & par conféquent les
doit élever également dans le même temps : en combinant cette caufe
principale avec les fecondaires, c'eft-à-dire avec l'attraction du foleil bien moindre que celle de la lune, avec le giffement des plages,
avec l'étendue & la profondeur des mers ; on explique les principaux
phénomènes des marées, tant généraux que particuliers, fur lefquels
les philofophes jufqu'à Newton, n'avoient débité que des chimères.
Ce problème a produit trois differtations volumineufes de Daniel Ber-
nouilli, Maclaurin & Euler couronnées en 1744 par l'académie des

fciences. Dans ces trois diſſertations, on n'a fait que développer les idées lumineuſes de Newton, que ce génie vraiment créateur négligea toujours d'expliquer en détail. Il avoit donné auſſi dans un petit nombre de propoſitions, l'explication & la meſure des inégalités qu'on obſerve dans le mouvement de la lune, & par leſquelles elle s'écarte ſi fort des loix de Képler rigoureuſement obſervées dans tout le reſte du ſyſtême planetaire. La différence de l'attraction exercée par le ſoleil, ſur la terre & ſur la lune, à cauſe de leurs différentes diſtances, eſt la ſource de toutes ces irrégularités des mouvements lunaires, qui avant Newton étoient la honte de l'aſtronomie. Cette force ſe décompoſe en deux autres : la premiere agit dans la direction d'une ligne menée de la lune à la terre ; c'eſt celle-là qui altère la figure écliptique de l'orbite de la lune, en cauſant le mouvement de l'apogée de cet orbite, & la variation de ſon excentricité dans la même quantité que la donnent les obſervations. L'autre force eſt perpendiculaire à cette premiere ; & c'eſt en vertu de ſon action, que les aires décrites ne ſont pas proportionnelles aux temps, & qu'elles s'éloignent de cette proportion, préciſément autant que l'indiquent les obſervations. De plus, l'orbite de la lune n'étant pas dans le plan de l'écliptique, cette orbite ſera mobile ſur l'écliptique même par une raiſon analogue à celle qui produit la préceſſion des équinoxes : c'eſt de là que le mouvement des nœuds de l'orbite lunaire, & les loix de ce mouvement tirent leur origine. Les trois premiers géomètres de notre ſiècle, Clairaut, d'Alembert & Euler, ſe ſont occupés a commenter ce petit nombre de propoſitions de Newton, dans leurs théories de la lune : mais pour tracer même imparfaitement l'organiſation du ſyſtême du monde que Newton dévoilà aux hommes ; il eſt indiſpenſable d'employer l'éloquence ſacrée de ce langage miſterieux & géométrique, dans lequel eſt écrit le livre de la nature : & nous n'ajouterons ici autre choſe, ſi non que Newton

en

finon que Newton en le découvrant, furpaffa les efpérances des hommes. Cette découverte la plus fublime de l'efprit humain, fuffiroit feule pour placer le philofophe Anglois dans une claffe moyenne, pour ainfi dire, entre les hommes & Dieu ; mais ce génie actif, ennemi du repos, né pour créer toute la philofophie naturelle, en parcourut toutes les claffes ; faifant dans chacune, ce qu'il avoit fait dans le fyftème du monde : c'eft-à-dire, ne laiffant à ceux qui devoient venir après lui, que le feul efpoir de le commenter.

L'Europe admirera certainement le profond commentaire du Docteur Orfely qui doit bientôt paroitre, & elle ne pourra voir fans étonnement, l'extention, l'élévation qu'il a donnée à la fynthèfe (a) dans l'ufage qu'il a fait de cette méthode lumineufe & fcientifique la plus conforme à la perfectibilité de l'efprit humain ; mais trop oubliée dans notre fiècle, où tous les efprits fe font enthoufiafmés du calcul, fans doute à caufe des merveilles qu'il a opérées : en effet, dans les mains de Newton, il a diffipé les ténébres dont fe couvroit la nature ; mais ce même calcul entre les mains de quelques artiftes fubalternes, n'eft qu'une oftentation fauvage, un mécanifme ftérile, *qui traduit dans une langue difficile, ce qui eft écrit dans une langue facile.* Il eft certain que toute découverte peut ètre énoncée dans une langue cultivée, parce qu'une découverte n eft qu'une idée nouvelle, & que toute idée peut & doit fe rendre par la parole : & fut-elle même de pure abftraction, elle à toujours fon archétype dans le nombre exiftant des objets de la nature. Toutes les fois donc qu'on ne peut énoncer par la puiffance de la parole une prétendue découverte, on peut hardiment affirmer, que ce n'eft qu'une combinaifon de fignes, dont le réfultat eft nul, imaginaire, & ne préfente qu'un ètre de raifon, qui diffère de la

_____

(a) Mr. Bertrand de Genève qui cultive la géométrie avec un efprit philofophique vient de faire d'heureufes découvertes fur cette belle fcience.

N

chimère feulement, parce qu'il n'a point d'image. De plus, le calcul dans les *faits* de la nature qui peuvent être de fon reffort, aprécie toujours le *combien*, & ne nous faits jamais connoître le *comment*. Or il eft évident que le plus grand nombre des *faits* de la nature ne font pas fufceptibles de commenfurabilité : je veux dire qu'ils n'ont pas de mefure commune, ni d'apréciation calculée ; parce que dans la nature, il y a prefque toujours des caufes ou des forces dont la manière d'agir nous eft inconnue ; parce que l'action de ces forces eft variable, & que cette variabilité paroît ne fuivre aucune loi : enfin parce qu'il eft moralement impoffible d'analyfer la combinaifon des forces multipliées qui concourent à produire un même effet. Méditant donc fur l'état actuel de nos connoiffances, fur les phénomènes dont les caufes nous font inconnues & fur la nature du calcul, j'ai cru voir & j'ofe prédire, que déformais l'ufage de cet inftrument fera très borné, & fes progrès ultérieurs tout - à - fait inutiles ; jufqu'à-ce que les philofophes ayent fait de nouvelles découvertes auxquelles on puiffe l'appliquer : par exemple jufqu'à - ce que le phénomène qui eft maintenant ifolé & folitaire, l'électricité, foit lié au fyftème du monde par des rapports communs avec l'impulfion & l'attraction ; alors le calcul pourra efpérer de foumettre à fon empire cette autre puiffance de la nature. Ces réflexions de quelque nouveauté, ce me femble, m'ont paru néceffaires, foit pour réduire à leur jufte valeur les prétentions faftueufes du calcul, foit pour détourner les bons efprits de perdre leurs temps à perfectionner un inftrument qui n'eft plus aujourd'hui d'aucun ufage, & qui déformais doit être dépofé dans les cabinets des curieux, comme un monument propre à rappeller les exploits paffés, en attendant qu'ils puiffe nous fervir à en faire de nouveaux. Et je crois m'occuper utilement du progrès des fciences, & même en reculer les limites, lorfque j'anime les efprits pénétrants à la recherche & à la perfection d'une nouvelle fcience ; *c'eft la géo-*

métrie de la nature qui a pour objet la pofition plutòt que la gran-
"deur. C'eft en cultivant cette géométrie vraiment tranfcendante, qu'on
fera ceffer le filence de cette même nature, trop humiliant pour nous ;
qu'on déeouvrira les plus profonds myftères de fes démarches dans
l'organifation des ètres, & qu'on donnera pour ainfi dire aux hommes la puiffance de la création. Oui, cette découverte feroit pour
l'efprit humain, le plus haut degré de fa gloire, & fixeroit le dernier terme à fon effor. Mais ce ne fera qu'entre les mains des hommes
d'un génie extraordinaire, & lorfqu'on fe fera élevé à un nouvel ordre
de découvertes, que le calcul pourra produire de fi grandes chofes.

Snellius donna cette obfervation de dioptrique, que les finus d'incidence & de réfraction font dans un rapport conftant : mais ce qui
n'étoit dans Snellius qu'une fimple obfervation indiquée par les
fens, devint une démonftration entre les mains de Newton. Ce profond philofophe établit la démonftration fur cette découverte de Galilée : qu'un corps mû par une force de projection, & par une force
accélératrice conftante, doit décrire un arc parabolique, & c'eft de
cette vérité qu'il partit pour procéder à fa découverte. Il pofa le fondement de toute la philofophie naturelle, en fixant les loix de la
réfiftance des milieux à la chute des corps graves : il détermina le
mouvement des projectiles dans les mêmes milieux, d'où la perfection
de la baliftique déja créée par Galilée : les loix de la réfiftance qu'é-
prouvent les corps qui fe meuvent dans l'eau, auxquelles loix fe
rapporte la recherche du folide de moindre réfiftance ; d'où la perfection de la navigation, & la conftruction des vaiffeaux : la propagation du mouvement dans les fluides élaftiques, & non élaftiques ;
d'où la théorie de la propagation du fon : enfin, les loix de l'accélération de l'eau fortant d'un vafe ; d'où les principes d'idraulique :
toutes fciences de nouvelle création, dont les anciens ne connurent
pas même l'objet, n'ayant eu d'autre mérite, que de nous laiffer des

triangles, des lignes, des cercles, une langue, des caractères pour lire dans la nature, dont ils firent le même usage qu'un Européen feroit des caractères Chinois, en les regardant, les maniant, les tournant sans jamais pouvoir en composer une seule phrase. En effet, quel usage les Euclide, les Apollonius, les Archimède, firent-ils de ce beau théorème de la composition & de la résolution du mouvement, devenu si fécond entre les mains des modernes dans la mécanique, dans la dinamique, dans la théorie du monde, & de toutes les forces qui ont lieu dans la nature? Mais si les modernes ont dans les sciences physiques, dans les sciences exactes, tout l'avantage sur les anciens; ceux-ci ont, comme j'ai déja dit, une supériorité incontestable, dans la morale & la législation.

L'ordre moral & l'ordre phisique, font les deux grandes branches de l'arbre de la science. Le premier, je veux dire l'ordre moral, est plus grand, plus relevé; il se rapporte à la partie la plus noble de notre être: il a pour but le commerce de l'esprit avec l'esprit & la découverte de ces ressorts efficaces & subtils, qui font mouvoir les agents libres: il assure le bonheur des societés, en faisant connoître à chaque membre, combien il lui est avantageux de remplir tous les engagements de l'autorité & de la dépendance. Ainsi l'étude du monde moral, les loix générales, les conventions fugitives & passagères, les devoirs immuables fondés sur les rapports qui nous lient avec les êtres intelligens; forment la partie la plus sublime de nos connoissances: & ces génies rares qui l'ont perfectionnée, doivent être regardés comme les bienfaiteurs les plus distingués du genre humain.

Les Grecs & les Romains auront toujours droit à notre admiration, parce qu'ils se proposoient de naturaliser dans le cœur humain ce que la plupart des constitutions modernes regardent comme un prodige: je parle du sentiment de la gloire, aussi dominant dans l'ame des

anciens que l'eſt de nos jours, celui de la félicité *individuelle*. Leur législation à cet égard portoit ſur ce principe ſi ſage, ſi propre à perfectionner la nature humaine, que les vertus publiques doivent être préparées par les vertus domeſtiques. Les conſtitutions préſentes, au contraire', ne prenant aucun ſoin de l'éducation, voudroient ce ſemble,
concilier les vices domeſtiques avec les vertus publiques : ce qui prouve
que la législation moderne ne fait point violence à la nature, & n'en
exige pas tant de perfection. Qu'une ſociété d'hommes avides conſpire
à faire proſpérer le commerce, la navigation & tous les arts lucra-
tifs ; qu'elle renferme dans le principe même de ſon aſſociation les
vues, les motifs & les paſſions individuelles ; & qu'au lieu d'aſſujettir
l'intérêt particulier à l'intérêt général comme cela doit être dans une
cité bien policée, elle faſſe au contraire violence à l'intérêt général,
pour ſubordonner ſon activité & la rendre, pour ainſi dire, concen-
trique à l'activité de l'intérêt particulier : rien de plus commun, de
plus vulgaire & de moins fait pour annoblir la nature humaine : mais
que les mœurs de Sparte nous faſſent voir des forces inconnues juſ-
ques là dans la nature : les paſſions non pas détruites mais dirigées
au bien public : leur fougue employée à doubler l'énergie de la vertu ;
& ces reſſorts auſſi puiſſants que nouveaux, produiſant une conſtitution ſi ſublime qu'elle paroit romaneſque aux petites ames : que le
génie de Rome ſe propoſât pour but dès l'enfance, & pour ainſi dire
dès le berceau de la république, de rélever, d'annoblir l'eſpèce hu-
haine ; ce ſont là des *faits difficiles*, *des faits glorieux* qui élèvent
l'ame, échauffent le cœur, en préſentant ce merveilleux moral qui ſera
toujours l'idole des ames fortes. L'hiſtoire des Grecs & des Romains,
Cornelius Nepos & Plutarque, Thucidide & Tite-Live, nous font
voir la nature élevée au-deſſus d'elle-même, & pour ainſi dire divi-
niſée. Un ſyſtème de liberté, ſoutenu pendant tant de ſiècles, ſera
toujours un phénomène, qui ſuppoſe des efforts répétés & continuels :

N 3

mais efforts bien payés par·leurs fuccès! oui, nòtre égoïfme eft en con·
tradiction avec lui-même, lorfqu'il nous rend adulateurs de la politi-
qüe moderne, & détracteurs de l'ancienne : & je ne vois qu'un pref.
tige féduifant dans cette affertion du favant chevalier de Chatelux,
que le *maximum* du bonheur eft le produit fortuné des conftitutions
modernes. Le cœur humain a de la grandeur ; il veut que le fentiment
de fon exiftence trouve dans le cœur des autres hommes un écho
qui le répète & le multiplie : il languit, s'affaiffe & tombe pour ainfi
dire dans le néant, lorfqu'il fe trouve étranger dans la fociété. Les
befoins de la nature font très bornés ; il faut peu de chofe pour les
fatisfaire : & fi le luxe étend la fphère de nos fentations, il étend encore plus celle de nos peines : l'argent même deviendroit un poids inutile, s'il n'étoit un figne repréfentatif des biens de l'opinion. Le defir
donc d'exifter avantageufement dans l'efprit des autres, fera toujours
la plus forte paffion de l'homme non dégradé : & je dirai pour le
triomphe de l'antiquité, que fi nous avons aujourd'hui plus de ces fenfations agréables, de ces jouiffances matérielles dont la fomme com-
pofe le bien être, & qu'on appelle *bonheur* ; nous ne pouvons nous
diffimuler que nous avons moins de droit à la véritable gloire, &
que nous fommes prefque privés de l'efpoir fi flatteur & fi doux, d'ob-
tenir de la pofterité ce fentiment d'admiiation que nous ne pouvons
refufer, tout corrompus que nous fommes, aux grandes vertus des Grecs
& des Romains.

La chute dè la république Romaine fera donc toujours pour les
penfeurs le fujet d'une trifte méditation ; foit parce qu'il femble que
l'honneur de l'efpèce humaine en ait fouffert ; foit parce que l'Europe
en reffent encore aujourd'hui, les funeftes effets. Tachons de nous
confoler & de nous inftruire, en cherchant dans les ruines mèmes
de ce vafte édifice, les preuves de fa grandeur, & fur tout les caufes
de fa deftruction. Machiavel, que le célèbre Harrington regarde comme

Je feul précepteur de l'ancienne politique & que je regarde comme le plus grand défenfeur de la liberté (a) trouve ces caufes deftructives dans les divifions occafionnées par la loi agraire, & dans la prolongation des magiftratures, des gouvernements, & fur tout du commandement des armées. Mais en politique comme en phifique, les principes intermédiaires doivent être liés, fubordonnés aux premiers principes : & il me femble que le premier principe, la premiere caufe de la def-

(a) Malgré la prévention générale, je ne puis concevoir que Machiavel ait eu le fcélératifme d'ériger la tyrannie en principe, lui qui, dans fon hiftoire de Florence, foutient que c'eft à la conftitution républicaine que la nation Tofcane doit tout fon bonheur, toute fa puiffance, toute fa profpérité, toute fa fplendeur ; lui qui parle toujours avec enthoufiafme de l'amour de la patrie & de l'efprit public ; lui qui dans fes admirables difcours fur Tite-Live, qu'il avoit compofés pour animer fes compatriotes à fécouer le joug des Médicis, paroît admirer de fi bonne foi les vertus des vrais Romains ; c'eft-à-dire, des Romains libres, & qui ne put contenir fon indignation en voyant ce même peuple abâtardi ramper fous le joug d'un defpote : lui enfin qui fe paffionna tellement pour la liberté, que deux fois il confpira contre les oppreffeurs de fa patrie. Il eft donc évident que le livre du prince bien loin d'être un hommage rendu à la tyrannie, n'eft dans le vrai que la divulgation de fes myftères & la peinture de fes excès : peinture fidèle & d'autant plus propre à la faire haïr. En effet quel eft le but du tyran, felon Machiavel ? c'eft de conferver fa puiffance & par conféquent d'éternifer le malheur des peuples. Quels font ces moyens ? l'injuftice, la cruauté, la fourberie, & jufqu'aux apparences de la vertu. Or, Machiavel favoit bien que pour infpirer à ces républicains opprimés l'horreur de la tyrannie il fuffifoit de la faire connoître : & ce qui confirme mon opinion, c'eft que du temps même de Machiavel, la chûte de quelques républiques, & de plufieurs villes libres de l'Italie amenèrent un defpotifme bien plus dangereux, bien plus perfide que celui des Néron & des Tibère, par cela même qu'il étoit plus éclairé. Au refte le prince de Machiavel, a été réfuté victorieufement par les armes de la raifon : mais n'eft-il pas encore plus glorieux de le réfuter par la force de l'exemple, comme plufieurs Princes font en Europe ?

'truction de la république Romaine, a échappé à la pénétration de Machiavel ; de même que la loi générale de l'attraction , à laquelle eſt
ſubordonnée la loi particuliere de la chute des corps , avoit échappé à
Galilée. Je la trouve cette cauſe premiere de deſtruction dans *ce ſyſtème de conquête univerſelle, que le fondateur lui - même avoit conçu qu'il
avoit conſacré par la réligion , qu'il avoit pour ainſi dire , identifié avec
les premiers germes de la conſtitution , & qui n'en eſt pas moins diamétralement oppoſé à tout gouvernement républicain, dont la modération
eſt le véritable* PALLADIUM.

L'hiſtoire eſt le tableau où ſont repréſentés en grand les expériences faites ſur la nature humaine. Or la nature humaine conſidérée
dans ſes grandes combinaiſons ſociales, obſervée dans la ſuite conſtante des faits généraux qui ſuppoſent néceſſairement une chaîne cor-
reſpondante de cauſes , doit conduire le génie pénétrant des politiques
à la découverte des loix générales de ces faits & de ces cauſes. Inter-
rogez cet oracle ; voici ſa réponſe. *Dans tous les temps, dans tous les
climats , la nature humaine miſe en action ſous le gouvernement de pluſieurs , a fait des prodiges, & s'eſt élevée au* maximum *de ſa force &
de ſa dignité : mais cette même nature humaine réduite à l'état paſſif ſous
le gouvernement d'un ſeul, eſt tombée dans l'aviliſſement & dans le mépris : & les traits de force & d'énergie qui lui ſont échappés quelquefois , n'ont été que des éclairs paſſagers , que les dernieres ſcintillations d'un
feu prêt à s'éteindre , & les efforts convulſifs qui précèdent les derniers
ſoupirs.* Un fait mémorable que j'ai ſçu généraliſer , a été l'idée intermédiaire à l'aide de laquelle je ſuis parvenu à ce réſultat. Le Peuple Romain , ce Peuple ROI ; ce peuple dont la liberté fut le fruit non
de circonſtances imprévues , amenées par le hazard, mais d'un plan
raiſonné & ſuivi , mais de l'eſprit général de la nation, mais de ſon
habileté à maîtriſer les événements & à les faire ſervir à ſa propre
gloire ; ce Peuple magnanime , dont les ſuffrages faiſoient le deſtin des
Rois

Rois & de la plus belle partie du genre humain, déformais réduit en fervitude, abatardi, dégénéré, ne connoiſſoit plus que deux beſoins, ne demandoit aux Dieux que deux choſes, du pain & des ſpecta-cles. *Panem & Circenſes.*

Avec les ſecours des obſervations fondamentales, mais iſolées, faites par Képler, des principes intermédiaires trouvés par Galilée, & d'un grand génie, Newton parvint à découvrir l'exiſtence d'une force primitive dans la nature, & les loix de ſon action : découverte ſublime qu'il porta enſuite aux plus haut degré de certitude, en l'employant avec les plus grand ſuccès à l'explication de tous les phénomènes céleſtes. Telle fut la marche de Monteſquieu dans ſes hautes découvertes ſur la légiſlation. Il fut généraliſer les faits de l'hiſtoire ancienne & moderne ; obſerver certains phénomènes po‘iti-ques, les analyſer : de là, il s'éleva à la connoiſſance des grands reſ-forts, des principes généraux propres à l'organiſation particulière de chacune des quatre formes de gouvernement : & de ces principes une ‘fois‘ poſés, il tira la ſolution ineſpérée des principaux phénomènes ‘politiques ; enforte que l'on peut regarder ſon *eſprit des loix* comme ‘le code de la raiſon, appliqué au pacte ſocial dans toutes les formes diverſes qu'il peut prendre, dans tous les différents rapports qu'il peut établir entre les hommes, en un mot, comme le réſultat pro-fond de toute la légiſlation ancienne & moderne.

Eclairée par cette lumiére univerſelle, l'Europe a reconnu que la plus belle conſtitution politique, la ſeule qui ait mérité les éloges de Monteſquieu, eſt établie, confinée dans une iſle : la France a com-pris qu'une nation polie, animée du principe de l'honneur, doit être gouvernée par un Souverain dont la puiſſance ſoit heureuſement ba-lancée par une réſiſtance conſtitutionnelle de la part d'un corps in-termédiaire, indeſtructible, dépoſitaire, & gardien des loix fondamen-tales du royaume. Une Princeſſe du nord a ſenti ſa grande ame s'en-

O

flammer du beau feu dont bruloit celle de Montesquieu; elle a conçu la noble ambition d'être la législatrice de toutes les Russies (a), & d'éclipser la gloire de Pierre Ier. qui n'en fut que le despote. Oui, je le soutiens, le trop fameux Czar Pierre ne fut jamais législateur : il forma une armée & créa une flotte pour sa propre sureté; il s'en servit encore pour donner à la Russie une influence politique sur les affaires de l'Europe : il fit des loix atroces, & emprunta quelque chose des gouvernements tempérés, sans en adopter les vrais principes ; il naturalisa chez lui quelques-unes de leurs coutumes, de leurs manières, & même de leurs connoissances; mais il n'établit aucun droit de propriété (b), aucun rapport légal & immuable entre le Souverain & la Nation : preuve certaine qu'il n'eut jamais l'idée de la véritable organisation d'un gouvernement civil.

Montesquieu parcourant d'un œil philosophique toutes les formes de gouvernement qui ont paru sur le théatre du monde, & recherchant les causes de leurs révolutions, de leurs différents degrés de prospérité, & de leur décadence; découvrit le premier que leur bon ou leur mauvais état dépendoit constamment de l'état de vigueur ou de relachement de certains principes qu'il établit avec raison comme les principes conservateurs de chaque forme de gouvernement.

La démocratie est fondée par sa nature sur l'esprit d'égalité, & sur l'intime persuasion que tous sont également soumis aux loix, sentimens qui excluent toute autre passion, telle que l'ambition, l'avarice &c.,

_____

(a) Voyez les instructions pour la formation du Code.

(b) Par exemple, il prit beaucoup de peine pour introduire dans ses états l'usage nouveau de couper les barbes ; & il ne conserva pas avec moins de soin l'ancien usage de couper les têtes.

& qui ne peuvent s'accorder qu'avec l'amour de la patrie, de la frugalité & de toutes vertus.

Dans une ariſtocratie, les nobles exercent à l'égard du peuple une eſpèce de monarchie, & forment entr'eux une ſorte de démocratie : ils peuvent bien contenir ou reprimer le peuple par les loix qu'ils font en droit de faire ; mais comment pourroient-ils ſe reprimer eux-mêmes, ſinon par la vertu, qui eſt le principe de toute démocratie, ou du moins par une modération patriotique & fondée ſur la vertu.

Dans une conſtitution monarchique ou les loix font toutes puiſ-ſantes, où l'on a peu à craindre des paſſions & même des vices, parce que leur maligne influence eſt détruite ou prévenue par une force ſupérieure qui veille ſans ceſſe à la conſervation de l'état, la vertu n'eſt point le principe, l'eſprit dominant ; c'eſt l'honneur, je veux dire, le préjugé de chaque perſonne & de chaque condition : il ſe nourrit de préférences, de diſtinctions, des prérogatives, & con-vient par conſéquent au gouvernement monarchique qui ſuppoſe les rangs, les privilèges, les prééminences. C'eſt un principe moins pur que la vertu, mais qui dans une conſtitution moins parfaite produit les effets de la vertu, & ſuffit pour conduire les ſujets au but du gouvernement.

Dans un état deſpotique, la volonté d'un ſeul eſt la ſeule meſure du juſte & de l'injuſte, la ſeule loi : il eſt néceſſaire pour que cette loi ſoit ponctuellement exécutée, pour que l'état ne tombe pas dans l'anarchie, & que les peuples jouiſſent au moins d'une paiſible op-preſſion, il eſt néceſſaire, dis-je, que les ſujets ſur-tout ceux qui font chargés de quelque commandement, ſoient dans une crainte per-pétuelle, & ne ceſſent de trembler pour leur vie ; ſeul frein qui dans cette odieuſe conſtitution, peut garantir l'obéiſſance.

De là toutes les loix de chaque forme de gouvernement doivent

O 2

être analogues au principe de ce gouvernement, & tendre uniquement à maintenir ou à fortifier ce principe confervateur dont l'affoibliffement ou le relachement entraîneroit la diffolution de l'Etat. Il doit dominer fur tout dans l'éducation de la jeuneffe, enforte que les enfants prennent de bonne heure les fentimens, les plis, les habitudes qu'ils doivent conferver tout le refte de leur vie, & qu'ils apprennent de bonne heure à vivre au fein de leur famille, comme il faudra qu'ils vivent un jour dans la grande famille de l'Etat. C'eft fur tout dans les gouvernements républicains qu'il faut prendre un foin particulier de l'éducation, & c'eft ce que faifoient les Républiques anciennes : auffi leur hiftoire nous préfente-t-elle des actions furprenantes & dont ne fommes tout au plus, que les admirateurs froids. Le reffort de l'honneur fe développe affez de lui-même, parce qu'il conduit aux diftinctions, aux prééminences qui font naturellement l'objet des vœux de tout le monde. Les menaces terribles & les châtiments encore plus éloquents, fuffifent pour infpirer la crainte; mais l'amour de la patrie, mais le renoncement à foi-même, mais l'efprit d'égalité & de frugalité, mais toutes les vertus républicaines qui ne favorifent nullement les foibleffes du cœur humain, & qui élèvent l'homme au-deffus de lui-même, comment peuvent-elles être verfées dans les ames, finon par la puiffance de l'éducation, & d'une éducation raifonnée, fuivie, qui veille fur tous les moments, qui offre plus d'exemples que de leçons, qui frappe les imaginations encore tendres de la beauté, de la vertu, & qui en laiffe l'empreinte dans tous les fens. Ce feroit donc un étrange abus dans un gouvernement mixte, & un abus directement contraire au principe de ce gouvernement, de négliger l'éducation; & par un refpect mal entendu pour la liberté, d'affoiblir, d'anéantir l'autorité paternelle. Toutes les branches de la législation doivent être analogues au principe de la conftitution, fi l'on veut donner à ce principe toute la vigueur & l'acti-

vité dont il eſt ſuſceptible. Dans une République le législateur entre-
tiendra l'égalité des fortunes, en empêchant par des loix ſomptuaires
l'acquiſition des richeſſes exceſſives, ou réduiſant le poſſeſſeur à l'im-
poſſibilité d'en faire uſage, il établira un Sénat perpétuel qui ſera la
régle des mœurs, & le modèle des vertus; il maintiendra la frugalité particulière en autoriſant la magnificence publique: il armera les
pères de famille d'une autorité perpétuelle & il en fera des cenſeurs
domeſtiques chargés de former leurs enfants aux vertus *difficiles* qui
ſont propres à la conſtitution démocratique; il traitera comme publics tous les délits privés; parce que tout délit porte atteinte au
principe de la conſtitution, qui eſt la vertu. Dans le gouvernement
ariſtocratique les loix, pour conſerver le principe eſſentiel de la modération, & ſuppléer à l'égalité, interdiront aux nobles, tout faſte,
toute dépenſe d'éclat qui les diſtingue du peuple; elles ne leur per-
mettront aucun divertiſſement particulier, aucune prérogative perſon-
nelle : elles acumuleront les obſtacles pour empêcher qu'ils ne s'enri-
chiſſent & ne s'agrandiſſent; elles feront enſorte de conſerver entr'eux la plus grande égalité poſſible; enfin, elles établiront, s'il eſt
néceſſaire, un tribunal deſpotique, & donneront des armes à la délation, pour réprimer l'orgueil du commandement, faire trembler ceux
qui l'exercent, & défendre l'ariſtocratie contre l'ariſtocratie elle-même : ce qui montre combien la forme ariſtocratique, quoique moins
humiliante pour l'humanité que la monarchique, eſt néanmoins vi-
cieuſe, puiſqu'elle a beſoin quelquefois pour ſe maintenir de moyens
auſſi violents & auſſi tiranniques.

Le gouvernement monarchique étant fondé ſur l'honneur, ſes loix
doivent ſoutenir la nobleſſe, dont l'honneur eſt, pour ainſi dire,
l'enfant & le père : elles doivent rendre la nobleſſe héréditaire, afin
qu'elle ſoit un bien permanent entre le Prince & le Peuple : elles doivent accorder non-ſeulement des diſtinctions honorables à la perſonne

des nobles, mais encore des privilèges à leurs terres & à leurs fiefs : elles doivent favoriser le commerce, afin qu'il puisse fournir sans véxer le peuple aux besoins toujours renaissants du Prince & de la cour : enfin elles doivent maintenir un corps dépositaire des loix fondamentales de l'état, qui ralentisse la précipitation des conseils du monarque. Je suis saisi d'horreur à la vue des moyens par lesquels se conserve le despotisme : pour le malheur de l'espèce humaine, l'histoire de l'empire Romain & de toute l'Asie, ne nous instruit que trop à cet égard. Nulle sureté personnelle, nulle propriété, un corps de troupes nécessaire au Prince, pour donner à ses caprices, une force irrésistible ; & qui souvent le fait trembler lui-même : l'ignorance, compagne inséparable de la servitude, érigée en loi fondamentale : aucune régle fixe pour la succession au trône : un ministre unique dépositaire de la puissance illimitée du despote, toujours incertain de sa propre vie, encore plus incertain de la faveur, & se pressant d'autant plus d'en abuser : voilà les éléments de ce despotisme barbare qui dégrade, ou fait frémir la nature humaine, & qui cependant, ô honte ! ô douleur ! étend son sceptre de fer sur les deux tiers du globe. La raison de cela, c'est peut-être qu'il faut pour organiser un gouvernement tempéré des combinaisons infinies, que le hazard ne peut faire, & qui souvent sont au-dessus de la prudence humaine ; au lieu que pour former un gouvernement despotique, qui de sa nature est beaucoup moins compliqué, il ne faut qu'une circonstance favorable, (a) ⁎ & des crimes heureux, Au reste comme il n'y a rien d'absolu dans ce monde, le despotisme même n'est point mauvais absolument & sans

---

(a) Les inconvéniens d'une constitution mixte corrompue, peuvent être tels que le peuple, conduit par une main habile, se réfugiera dans le sein du despotisme. C'est ainsi qu'un vaisseau Malthois battu par une tempête violente ; & qui menace de l'engloutir, se réfugie dans le port d'Alger.

exception. L'Europe a vu un homme extraordinaire fe charger du rolle odieux de defpote, pour affranchir fa nation du defpotifme ; & la_charger de fers, pour l'entraîner malgré elle, au comble de la liberté.

Toutes les loix particulières , civiles ou criminelles, doivent fe tirer de ces loix fondamentales , ainfi que la forme des jugements, l'ordre des peines &c. C'eft par cette raifon que dans les gouvernements defpotiques, où le defpote eft propriétaire des biens, de la vie, de l'honneur de fes efclaves, (fi toutefois il eft un honneur pour des efclaves) les formes judiciaires font très fimples, & les loix nulles : c'eft par cette raifon que les Princes de l'Europe, à mefure qu'ils deviendront plus abfolus, chercheront à fimplifier leur code, afin d'accroître leur puiffance. Au contraire, dans les gouvernements modérés , les loix & les formes judiciaires doivent fe multiplier d'autant plus que l'on attache un plus grand prix à la fortune , à la vie, à l'honneur, à la liberté des citoyens. Dans les monarchies ou le légiflateur toujours préfent, toujours vifible, peut toujours s'interprèter lui - même : on peut en certains cas fuivre plutôt l'efprit que la lettre de la loi. Mais dans les conftitutions républicaines , où il n'eft pas toujours poffible de confulter le corps légiflatif, le devoir du juge eft d'examiner fcrupuleufement la vérité du fait, & d'y appliquer la loi, prife dans fon fens le plus littéral, fans fe permettre aucun commentaire ni fur les intentions de la loi, ni fur les circonftances du fait.

Telles font les conféquences primitives, & les loix générales qui dérivent des quatre principes effentiels aux quatre formes de gouvernement, & qui font leur deftinée : car ils ne peuvent fe corrompre fans entraîner la diffolution du corps politique. La démocratie dégénérera en ariftocratie, l'ariftocratie en monarchie, & la monarchie en defpotifme. La corruption du principe démocratique eft due à tout ce qui détruit l'égalité; la corruption du principe ariftocratique eft l'effet du pouvoir arbitraire ufurpé par les nobles, lefquels chériffent plus la douceur de commander, qu'ils n'en craignent la fatigue & les dangers : mais la plus funefte de toutes les corruptions, c'eft celle du principe de la monarchie qui tend au defpotifme. L'Europe éprouveroit dès aujourd'hui les triftes effets de cette corruption, fi les lumiéres qui éclairent les Princes & les Sujets, fi les mœurs, les coutumes, la réligion, & peut-être l'influence que peut avoir fur tous les efprits, l'exemple fubfiftant de l'admirable conftitution Angloife ; ne s'oppofoient à une révolution auffi terrible ; mais l'abus réfléchi du pouvoir, & l'efprit de conquète peuvent furmonter ces obftacles falutaires. Et alors cette belle partie du monde feroit expofée, du moins pour un temps, aux malheurs qui défolent le refte du genre humain, & aux infultes qui l'humilient.

Le gouvernement monarchique tend au defpotifme & fe corrompt lorfque l'on cherche à fimplifier les loix, & à abréger les formes judiciaires ; lorfque le corps de la magiftrature ne peut plus modérer par fa prudente lenteur, la précipitation du cabinet ; lorfque les corps intermédiaires font regardés comme ennemis de l'état, & ne confervent plus qu'un ombre d'autorité ; lorfque l'on dépouille les compagnies de leurs prérogatives, & les villes de leurs privilèges fondés fur la foi des conventions ; lorfqu'on cherche à avilir la nobleffe, en lui enlevant les diftinctions, les prééminences qui font l'aliment de l'honneur : & ce qui eft encore pis, en lui ôtant le refpect des peuples par les lâches complaifances qu'on exige d'elle ; lorfque l'honneur eft en contradiction avec les honneurs ; & que l'on peut être à la fois couvert d'infamie & de dignités ; lorfque la délation s'infinue auprès du Prince, en eft accueillie, s'empare des avenues du trône, fait de là une guerre invifible & d'autant plus redoutable à tous les citoyens, les gène dans toutes leurs démarches, les pourfuit jufques dans l'azile facré de leurs maifons ; voit tout, entend tout, empoifonne tout, feme par-tout
l'inquié-

. l'inquiétude, les foupçons, la défiance, ifole & ferme tous les cœurs, rompt fourdement les liens les plus doux de la fociété, & fait régner par tout un filence morne avant-coureur des révolutions ; lorfqu'on donne le titre de factieux au citoyen trop éclairé, ou dont les lumiéres fe trouvent en contradiction avec les maximes du gouvernement : car il eft dans la nature des chofes que la lumiére faffe peur au defpo-tifme, de même que les feux allumés pendant la nuit au milieu des déferts de la Lybie, en impofent aux tygres & aux léopards, qui font les vrais defpotes de ces déferts. Cependant, fi l'on veut exercer le plus beau des empires, régner fur les efprits & fur les cœurs ; & non fur des efclaves qui baifent leur chaîne ne pouvant la brifer, il faut convaincre les hommes que l'on veut leur bonheur, & qu'ils ont intérêt d'obéir. Le principe de la monarchie fe corrompt lorfque le Prince met en oubli ce mot fublime du plus fage & du meilleur des Princes : „ fi quelqu'un parle mal de notre perfonne où de notre „ gouvernement, nous ne voulons point le punir, s'il a parlé par „ légéreté, il faut le méprifer, fi par folie il faut le plaindre ; fi par „ un efprit d'injure, il faut lui pardonner. " O ! Divin Trajan ! s'é-crie Tacite ; O ! temps heureux où l'on n'obéit qu'aux loix, où l'on peut penfer librement, & dire librement ce qu'on a penfé, où l'on voit tous les cœurs voler autour d'un Prince, dont la feule préfence eft un bienfait ! enfin, la monarchie fe corrompt lorfqu'un citoyen perd fa liberté, pour avoir écrit ou parlé contre ce que Tibère ap-pelloit les *arcanes* du gouvernement, & que les philofophes appellent les manœuvres de la tyrannie. Oui, la conduite infenfée de quelques vifirs, qui crurent devoir tout à leur maître, & rien à la patrie, rien à l'humanité, fut fouvent caufe que des Princes qui n'é-toient point méchants par eux-mèmes, ont été condamnés, flétris au tribunal incorruptible de la poftérité. A l'égard du defpotifme, il ne peut fe corrompre, puifqu'il eft corrompu effentiellement : à moins qu'on ne veuille appeller du nom de corruption , l'excès de fa fureur. Mais cet excès même eft un bien , puifque néceffairement il précipite fa ruine , & amène bien-tôt une autre forme de gouvernement.

Après avoir confidéré l'organifation intérieure des Etats, Montef-quieu examine leurs rélations réciproques, & s'occupe de leurs loix dans le rapport qu'elles ont avec leurs forces ofenfives & défenfives. Le gouvernement républicain fondé fur l'égalité , ou du moins fur la modération , répugne à tout aggrandiffement , parce que tout ag-grandiffement met toujours de trop grandes richeffes, ou un trop grand pouvoir dans les mains de quelques citoyens. Une petite république , refleroit donc toujours foible, & feroit hors d'état de fe défendre , fi elle ne s'affocioit pas à d'autres républiques ; & de là la conftitution foedérative dont l'effet eft de laiffer à chaque fociété contraéante, la jufte étendue de territoire qui convient au principe de fon gouverne-ment particulier, & donne au corps entier de la confédération, la for-ce & la grandeur d'une monarchie. Mais fi ce corps étoit compofé d'E-tats républicains, & d'Etats monarchiques, il ne pourroit fubfifter long-temps ; l'efprit de la monarchie eft la guerre & l'aggrandiffement ; l'efprit de la république eft la modération & la paix : il y auroit donc néceffairement entre les membres confédérés, une contrariété de mou-vement & des chocs réciproques qui troubleroient l'harmonie de la con-fédération. Cela nous avertit qu'il y a dans la confédération Germani-que, un vice , ou plutôt un principe de diffolution qui ne fe trouve point dans les ligues Suiffes, ni dans les Provinces-Unies. Mais malgré ce vice néceffaire, il feroit à fouhaiter pour l'Europe que tous les Etats qui la compofent vouluffent adopter cette conftitution , & fe réunir en un grand corps, par le moyen d'une confédération générale, dont l'effet feroit de garantir , foit aux fouverains, foit aux fujets de cha-que Etat confédéré la forme de gouvernement, telle qu'elle fe trouve-roit être à l'époque de la confédération, & de la lui garantir , foit con-

tre les entreprifes des Etats co - aſſociés, foit contre la rébellion des fujets ou des fouverains, foit contre l'invaſion d'un conquérant étranger :
de préferver chaque nation du malheur d'être conquife, & du malheur prefque auſſi grand, de vouloir conquérir : de rendre la guerre
impoſſible, & d'arrèter dans leur principe, les meurtres, les forfaits,
les calamités, & tous les défaſtres particuliers qu'entraîne ce défaſtre
public : enfin d'achever la civiliſation de l'Europe, ſi la civiliſation
conſiſte à régler les intérèts des nations, ainſi que ceux des particuliers, par le droit, la juſtice & la raiſon, & non par l'ambition, la
force & le caprice. Une telle confédération n'eſt point une chimère,
elle eſt poſſible, puiſqu'elle exiſte dans le corps Germanique, & qu'elle
exiſte déja en partie entre toutes les puiſſances de l'Europe, par le
droit des gens, par les loix tacites de l'équilibre politique &c. & qu'il
ne s'agit que de l'étendre & de la perfectionner ; ſi jamais on la réaliſe
dans toute ſon étendue, ſi jamais ce vœu du plus grand & du meilleur des Rois s'accomplit, il en réfultera des avantages immenſes, foit
pour les corps politiques, foit pour chacun de leurs membres : la paix
régnera, les beaux arts fleuriront, les fciences feront cultivées, l'induftrie encouragée, toutes les vertus en honneur : & la premiere des vertus, la juſtice aura d'autant plus d'influence fur la conduite des particuliers, que les fouverains eux - mèmes feront foumis à fon empire.
Alors on reconnoîtra qu'une demi civiliſation où les peuples font dans
la dépendance, & le corps des fouverains dans l'anarchie eſt pire que
l'état de fauvage. Alors on s'étonnera d'avoir adopté ſi tard un projet
ſi évidemment bon ; & l'on verra la longue réfiſtance qui en aura retardé l'exécution, du mème œil que nous voyons aujourd'hui la répu-
gnance des fauvages de l'Amérique, à former des fociétés régulières.

Les monarchies occupent toujours un terrein plus étendu que les républiques, afin de pouvoir fe maintenir avec leurs propres forces :-el-
les pourvoient à leur défenfe par le moyen des for>tereſſes & des trou-

pes qu'elles ont toujours fur pied ; ou fent bien que tout cela multiplie les emplois & que les emplois renforcent l'honneur chez tous
ceux qui ont été choifis pour les exercer. Mais dans un Etat defpo-
tique, où l'on n'aime ni le Prince, ni l'Etat, & où l'honneur ne
peut fuppléer à cet amour patriotique comme il y fupplée dans les
monarchies, les places fortes ferviroient d'azile aux mécontents qui
ne manquent jamais dans un tel Etat, & le Prince ne peut pourvoir
à fa fureté qu'en dévaftant fes frontiéres, & fe féparant de fes voi-
fins par un défert impraticable, ou bien en confiant fes provinces
éloignées à des Princes feudataires qui ayent intérèt de défendre leur
protecteur.

L'ufage de la force défenfive ou ofenfive doit être réglé par le
droit de la défenfe naturelle, c'eft-à-dire par le droit qu'ont tous les
êtres de pourvoir à leur propre confervation : de ce droit fondamental dérive celui de la guerre, & dans beaucoup de cas, celui de conquête ; enforte que toutes les fois que la confervation d'un état n'eft
ni menacée, ni compromife, les manifeftes où l'on entreprend de
motiver une déclaration de guerre, ne peuvent être qu'un tiffu de
fophifmes dictés par l'ambition ou par l'impofture. Toutes les nations
anciennes, fans en excepter les Grecs & les Romains, fe perfua-
doient fauffement que la fervitude perpétuelle, étoit une conféquence
du droit de conquête : *& il eft remarquable que dans toute l'anti-*
quité, il ne s'eft pas trouvé un feul philofophe qui ait penfé à récla-
mer les droits de l'humanité. Les publiciftes modernes qui n'ont connu
d'autre droit des gens que celui qui eft fondé fur les faits, n'ont
pas laiffé d'entrevoir cette vérité lumineufe démontrée enfuite par
Montefquieu ; favoir, que la fervitude n'eft, ni ne doit être l'objet immédiat de la conquête, mais qu'elle n'eft légitime, & qu'elle ne doit durer qu'autant qu'elle importe à la confervation

de l'Etat conquérant : cette vérité eſt un des bienfaits du chriſtia-
niſme.

Le droit de conquête , ce droit qui ſemble élevé par ſa nature
au - deſſus de toutes les loix , eſt encore ſoumis au principe conſti-
tutionel de l'Etat. Une république , par exemple , ne doit pas faire
des conquêtes fort étendues , parce qu'il en réſulteroit le grand inconvénient d'expoſer ſa propre liberté par la néceſſité de confier une
trop grande puiſſance aux gouverneurs des Etats conquis. Une monarchie peut étendre davantages ſes conquètes , toutefois en ſe ren-
fermant dans les bornes que la nature ſemble lui avoir preſcri-
tes. Les conquètes immenſes conduiſent néceſſairement au deſpotiſme , parce qu'elles exigent indiſpenſablement une armée nombreuſe
toujours ſur pied , toujours raſſemblée autour du trône , & prète à
fondre ſur les parties de l'empire qui pourroient s'ébranler , & parce
que la crainte du fatal cordon eſt le ſeul frein qui puiſſe contenir
les gouverneurs des provinces conquiſes , trop éloignées du centre de
la puiſſance pour agir & ſe conduire d'après ſon impulſion , laquelle
s'affoiblit toujours en raiſon de la diſtance.

Les tributs & la perception des tributs , ſont encore ſubordonnés à
l'eſprit de la conſtitution : ils peuvent ètre conſidérables dans un Etat
libre , mais c'eſt une néceſſité de les diminuer à meſure que la liberté va
ſe dégradant , à meſure que l'on s'éloigne de l'Angleterre pour s'approcher de la Turquie. Dans un gouvernement où il n'y a ni liberté ,
ni induſtrie , ou la vie eſt précaire , la propriété incertaine , & où l'op-
preſſion eſt comme naturaliſée ; il faut que les impôts ſoient modérés ,
clairement établis , & faciles à percevoir. Cette modicité de tributs
dans les Etats deſpotiques eſt un foible dédommagement de la liberté ;
comme la liberté eſt dans les Etats républicains un ample dédommagement de la peſanteur des tributs ; le pire de tous les gouvernements

feroit celui ou des Vifirs entreprenants & mal-adroits voudroient réduire le peuple à l'extrême fervitude, & en tirer des impots exceffifs :
mais tout à fes bornes ; la nature humaine ne comporte pas un tel
degré de vexation ; le vice d'une pareille conftitution fe corrigeroit par
fon excès ; & le centre de l'état feroit bientôt comme fes frontieres ,
un défert.

La perpétuité du defpotifme dans la partie méridionale de l'Afie ;
la tendance générale des peuples du nord vers la liberté ; la direction
des conquêtes beaucoup plus conftante du nord au midi , que du midi
au nord ; l'établiffement de certaines réligions dans un pays , & la
difficulté de les introduire dans un autre ; l'efclavage des femmes dans
certaines contrées, & leur exceffive liberté dans d'autres ; le grand nombre de peuplades fauvages trouvées en Amérique, & fes deux feuls
grands empires fituée dans la Zone-torride : c'étoit autant de phénomènes bien connus avant Montefquieu, autant de problèmes propofés
depuis longtemps à la fagacité des politiques , mais dont aucun n'avoit
trouvé , n'avoit tenté la folution. Ce fut par un coup de génie , que
Montefquieu tira cette folution, & celle de beaucoup d'autres problèmes
femblables de la feule géographie phifique : on voit bien que j'ai ici
en vue l'influence du climat, principe lumineux, combattu vainement
par l'ignorance & la fuperftition : elle exifte certainement cette caufe
puiffante , elle agit fans ceffe , & en modifiant diverfement les befoins
des hommes, elle préfente à la législation, tantôt des circonftances favorables à fes vues', tantôt des obftacles qui les contrarient : l'habileté
du législateur confifte à tirer parti des avantages du climat, à combattre fes vices, & même à les rectifier ; mais la plupart des fondateurs
des empires, font de grands ou d'heureux impofteurs, & non de grands
de profonds philofophes : dominés eux-mèmes par l'influence du climat, comment en affranchiroient-ils leurs loix ? auffi voit-on la

plûpart des législations infectées de tous les vices du climat & très
peu où l'on fe foit propofé de corriger ces vices par la force des inftitutions politiques, & d'améliorer, fi j'ofe ainfi parler , la nature locale
de l'homme.

Toutes les fciences ont leur chimère , & la politique à la fienne :
c'eft la recherche de l'optimifme abfolu , & la vaine prétention de procurer ce bien fuprème à une nation qui ne feroit point préparée. Le
légiflateur ne doit jamais perdre de vue l'état, ou plutôt l'efprit général de la nation qu'il veut former : cet efprit eft le réfultat des manières, des coutumes, des opinions, de la réligion , des exemples &
de beaucoup d'autres éléments : & de là fe tire une maxime fondamentale. C'eft qu'une législation prudente, ne doit point heurter les
défauts dominants & qui tiennent au caractère national. Il faut toujours fe fouvenir que les loix ont moins de force que le penchant :
celles - là conftituent le citoyen, celui - ci tient à la conftitution de
l'homme, celles - là font l'art, celui - ci eft la nature même : & loin
de vouloir le détruire ou même le violenter, il faut tacher de le plier
adroitement, & de tourner fon effort vers le bien public. Qu'une nation foit orgueilleufe, elle aura peu d'induftrie , & tombera facilement
dans la pareffe & l'ignorance. Le fage légiflateur doit fe propofer fans
doute de la tirer de cette pernicieufe létargie ; mais au lieu d'attaquer
fes vices directement & à force ouverte , de vouloir les détruire par
la févérité , & fi j'ofe le dire, par la violence des loix , il fentira la
néceffité de tirer parti de l'orgueil même, & de s'en fervir comme
d'un éguillon pour exciter l'induftrie, c'eft-à-dire, qu'il honorera
tous les genres d'induftrie, qu'il leur prodiguera tous les encourage-
ments, toutes les diftinctions, en un mot, tout ce qui peut flatter l'orgueil, tout ce qui peut faire naître l'émulation ; & qu'au contraire ,
il attachera la note du mépris à l'ignorance & à la pareffe. Entreprendre de changer le caractère, l'efprit d'une nation, c'eft un ouvrage

difficile, dans lequel on ne peut réuffir qu'avec beaucoup de temps, de réfléxion, de conftance, & fur-tout de dextérité à manier le grand reffort de l'opinion ; les loix peuvent bien accélérer la révolution, mais ce n'eft que par des moyens indirects, je dirois prefque invifibles

Les principes conftitutionels, ont auffi de l'influence fur les révolutions du commerce; une propriété plus affurée rend le propriétaire plus entreprenant, & par cette raifon, le commerce eft floriffant dans les états libres, & fe réduit prefque à rien dans les Etats defpotiques: ajoutez à cela, que l'efprit d'égalité, de frugalité, qui eft l'efprit des républicains, amène prefque néceffairement l'efprit d'économie, & que l'économie non feulement procure des fonds pour le commerce, mais infpire l'envie de les augmenter ; au lieu que dans les monarchies où le luxe dévore tout, ou les opérations du cabinet font fufpectes aux négociants, le commerce ne peut être que médiocre & expofé à de grandes viciffitudes. Au refte les loix du commerce doivent être analogues, non feulement au principe de la conftitution, mais au caractère national, à la nature du terrein, &c.

Montefquieu examine enfuite l'influence des réligions fur le bien-être des fociétés politiques, les meilleures réligions feront celles qui tendront à fortifier la morale, à corriger les défauts de la législation civile, les vices du climat, enfin, qui feront moins fujettes aux abus les plus terribles de tous ; l'intolérance & le fanatifme. Le devoir effentiel de tout législateur eft de fixer nettement le véritable objet des différentes efpèces de loix, quel que foit la puiffance qui leur ait donné la fanction, Les loix civiles ne peuvent s'occuper de ce qui eft décidé par le droit naturel, finon pour confirmer cette décifion facrée, peut-être pour la modifier quelquefois, mais jamais pour la contrarier abfolument, de même aucune réligion ne doit contredire le droit naturel,

turel ; l'on ne peut en aucun cas fuppofer fans blafphême , que la vraye réligion le contredife , puifque ce droit & cette réligion déri- vent d'une même fource , & que cette fource eft celle de toute vérité : ce fut donc une ftupidité fuperftitieufe aux Juifs , de croire que le droit imprefcriptible de la défenfe naturelle put être fufpendu le jour du fabbat. Il faut encore bien fe garder d'appliquer les loix religieu- fes & les difpofitions du droit canonique aux queftions de droit civil : le droit canonique ne confidére les actions des hommes que dans leur rapport avec la félicité d'une autre vie ; & le civil dans leur rapport avec la tranquillité de ce bas monde. L'adultère , par exemple , fui- vant les principes de la réligion , eft un délit égal pour le mari & pour la femme ; mais il n'en eft pas ainfi felon le droit civil , parce que les effets , les fuites de ce même délit , ne font pas les mèmes dans les deux cas : & la loi qui donnoit à la femme comme au mari , le droit de demander la féparation pour caufe d'adultère étoit abfo- lument contraire à l'efprit du droit civil.

C'eft encore un abus de vouloir juger par les principes du droit politique de ce qui eft du reffort du droit civil , & réciproquement. Le droit politique peut bien reftreindre la liberté des citoyens , mais il ne doit jamais porter la plus légère atteinte au droit de propriété : la loi civile eft le *Palladium* de ce droit , & l'intérêt public veut qu'il foit facré. De même la plus grande de toutes les abfurdités feroit de vouloir décider par les loix civiles , des queftions qui ont rapport à l'aniénabilité du domaine de l'Etat , à la fucceffion au trône , parce que les loix civiles ne s'occupent que du bien particulier , & les po- litiques , du bien général. Enfin , il ne feroit pas moins abfurde d'ap- pliquer ces mèmes loix civiles aux affaires qui dépendent du droit des gens : la liberté des particuliers dérive des loix civiles , & chacun peut toujours réclamer leur protection contre ceux qui les violent à

fon préjudice. Or les Princes ne vivent point fous les loix civiles ,
ils font entr'eux dans l'état de nature ou d'anarchie, comme je l'ai dit
plus haut , & leur fort eft de forcer ou d'être forcés : ils doivent donc
au défaut du droit civil fe foumettre au droit des gens , dont les difpofitions explicites ou tacites leur impofent l'obligation d'obferver les
traités ; de ne point fe permettre d'atrocités inutiles &c. fous peine
d'être à jamais l'objet de la haine publique & tôt ou tard les victimes de l'exemple qu'ils auront donné.

CONCLUSION.

Le grand Montefquieu a menacé les pédants volumineux de ren-
fermer dans un livre de douze pages tout ce qu'il y a de certain dans
la métaphifique, la législation & la morale, il femble que le tableau
analytique que je préfente aux philofophes, démontre par le fait la
poffibilité de réalifer ce projet digne de l'auteur illuftre de *l'Efprit des.
loix* , & des *Lettres perfannes*. Si je lui ai donné un peu plus d'étendue,
c'eft parce que j'ai fait entrer dans mon plan toutes les fciences exactes ,
& auffi , afin de mettre les hautes vérités à la portée d'un plus grand
nombre , & afin de les rendre d'une utilité plus générale.

Il y a donc cinq nations qui ont contribué à la création des fciences utiles : la Hollande , par les travaux d'Hughens ; l'Allemagne , par
ceux de Képler & de Copernic ; la France , par ceux de Defcartes ,
Montefquieu & Buffon ; l'Italie , par ceux de Galilée , Cavalieri , Toricelli , Caftelli , Guglielmini , Borelli, Sanctorius , & Malpighi ; &
l'Angleterre , par ceux de Harvey, Hales , Bacon, Locke & Newton. On eft redevable à ces trois derniers, de l'organifation de tout
le fyftème phifico-intellectuel. Mais la feule nation Angloife, peut fe
glorifier de la conftitution la plus fublime, la plus conforme à la
dignité de la nature humaine qui ait jamais paru fur la fcène du
monde. Là les trois parties intégrantes du gouvernement, *le Peuple* ,
la Nobleffe & le Roi , font unies , combinées de la manière la plus
avantageufe , puifque les vices mèmes , y fervent à entretenir l'équilibre de la conftitution. La corruption qui a lieu dans l'élection des
membres de la chambre des Communes , eft un obftacle à la prépon-

dérance de la démocratie. (*a*) Là, la volonté générale de la nation
se fait connoître par l'organe des repréfentants, & non par les fuf-
frages de tous les citoyens affemblés comme cela de pratiquoit à Rome
à fon grand préjudice : l'idée des repréfentants eft une idée moderne,
mais elle eft le réfultat d'une longue expérience : & l'hiftoire Romaine
elle - même fait voir combien dans une grande république compofée de
plufieurs millions de citoyens, il eft dangereux que le peuple fe charge
du gouvernement immédiat : le peuple qui à tout le difcernement néceffaire pour choifir parmi les citoyens, ceux qui font les plus fages,
les plus capables des emplois, les plus dignes de fa confiance, n'a ni
affez de lumiéres pour gérer par lui - même, ni affez de cette activité
foutenue & modérée, qui donne aux affaires leur véritable mouve-

---

(*a*) Platon, Xénophon, Thucidide, Ciceron & Tite-Live ont repréfenté la
démocratie comme toujours violente & orageufe, & quelquefois injufte & atroce : mais ce n'eft point là la démocratie, ce font fes inconvénients ; il eft certain que le peuple n'a point affez de lumiéres pour fe bien conduire, qu'il fe
conduit fouvent par fes paffions & trop fouvent par celles d'autrui, & de là
les abus. Mais encore une fois les abus ne font pas la forme du gouvernement,
& pour juger avec équité ceux de la démocratie, il faudroit les comparer avec
les abus des autres conftitutions : les orages des républiques Grecques avec les erreurs
& les forfaits de la Cour de Macédoine ; les défordres paffagers nés de l'efprit d'é-
galité extrême dans la république Romaine, avec les malheurs fans reffources du
même peuple fous les Empereurs ; enfin les agitations habituelles, les révolutions fréquentes du gouvernement de Syracufe avec l'affreux fpectacle des atrocités
& des défaftres, foit publics, foit particuliers auxquels Conftantinople & tout
l'Empire furent en proie fous les empereurs Grecs ; mais détournant les yeux
de toutes ces horreurs, que l'on fe rappelle qu'Athènes & Sparte furent pendant 500 ans des modèles de vertu & des pépiniéres de grands hommes en tout
genre ; que l'amour du bien public & le défir de la gloire furent pendant quatre fiècles l'efprit dominant de la république Romaine & l'ame de fes grandes
entreprifes, que pendant tout ce temps le peuples fut affez éclairé fur fes intérêts ;
affez fort contre les brigues, pour ne faire que de bons choix, pour ne nommer
aux magiftratures importantes que des hommes fupérieurs qui ont porté fa gloire dans tout l'univers, que l'on fe rappelle cela & que l'on fe dife à foi-même,
quelle autre conftitution l'on juge préférable à la démocratie.

ment : il ne saura ni mener une négociation, ni juger si une alliance, un traité de commerce seront avantageux ou contraires à ses intérêts. Là régne la liberté de penser, de parler & d'écrire ; liberté qui doit être la prérogative inviolable du Citoyen, qui lui fut enlevée par les Néron, les Caligula, les Tibère, & ensuite par un Tyran plus féroce encore, je veux dire la superstition : liberté qui n'est rien moins qu'une licence, mais qui est restreinte par les seules loix & non gênée, tourmentée par les caprices d'un censeur mercenaire, fait pour tenir la vérité captive, ou la vendre à ses plus cruels ennemis. Là les lumiéres de chaque citoyen sont regardées comme autant de rayons qui se réunissant dans un foyer commun forment la lumiére générale du gouvernement. Là, le courage de dire la vérité porte son vrai nom, le beau nom de patriotisme, & n'est point regardé comme le premier pas du mécontentement & de la révolte. Là, les grandes actions, le mérite supérieur, les vertus éclatantes sont exaltées, consacrées avec enthousiasme par la reconnoissance de la nation, & non punies par le jugement de l'ostracisme ; jugement dénaturé, odieux, inspiré aux Athéniens par les ombrages de la jalousie républicaine, & qui, en convaincant le peuple qui le prononçoit d'une ingratitude anti-politique, n'ajoutoit rien à la gloire de ceux qui en étoient les victimes, quoiqu'en disent Machiavel & Montesquieu, & pouvoit avoir l'inconvénient de refroidir l'amour de la patrie dans les grandes ames. Là, le droit des gens est dépouillé de cette obscurité mystérieuse dont il aime à s'envelopper, & contraint par la constitution même de soumettre ses opérations les plus secretes au jugement redoutable de la nation elle-même assemblée par ses représentants. Là, le patriotisme particulier triomphe de lui-même en se subordonnant à l'humanité qui est le patriotisme universel. Là, on voit briller dans les yeux du citoyen, cette sérénité, cette tranquillité noble qui naît du sentiment de la liberté, de la sureté personnelle, de la paisible possession de son honneur & de sa fortune ; il semble se dire à lui-même plusieurs fois le jour, ces biens si chers ne dépendent point de la volonté arbitraire d'un juge ignorant & corrompu, ils ne dépendent que de la loi seule, ou plutôt ils ne dépendent que de moi ; car j'ai certitude d'en jouir tant que j'obéirai à la loi. Enfin, c'est là que le Roi est la véritable image de la Divinité, puisqu'avec tous les moyens de faire le bien, il est dans l'heureuse impossibilité de faire le mal.

F I N.